MZ세대 세대 교체의 선두를 점하는 마인드셋

에이스 MZ 스피릿

MZ세대 세대 교체의 선두를 점하는 마인드셋

에이스 MZ 스피릿

초판 1쇄 인쇄 2024년 9월 6일
초판 1쇄 발행 2024년 9월 20일

지은이 손동민

발행인 백유미 조영석

발행처 (주)라온아시아
주소 서울특별시 서초구 방배로 180, 스파크플러스 3F

등록 2016년 7월 5일 제 2016-000141호
전화 070-7600-8230 **팩스** 070-4754-2473

값 19,000원
ISBN 979-11-6958-123-3 (13190)

ACE MZ SPIRIT

세대교체의 선두를 점하는 MZ세대 마인드셋

에이스 MZ 스피릿

손동민 지음

새로운 시대를 주도할 진짜 에이스 MZ의
성공법과 마인드셋을 제시한다!

당신을
에이스 MZ로
만드는
실천 솔루션!

시대 변화를 관통하는 불변의 성공 법칙

프로 N잡러 손동민 코치가 전하는 7가지 마인드셋 Principle!
자기주도적 에이스 MZ 마인드 트레이닝 코칭!

RAON BOOK

RAON BOOK

***

새로운 시대를 주도할 진짜 '에이스 MZ 스피릿'이란 무엇인가?

이 책은 나의 2번 째 책이다.

책을 쓴 사람들은 대단한 사람들이라고 생각했다. 10대 시절 독서를 좋아했던 나는 '언젠간 대단한 사람이 되어 책을 써야지'라는 생각을 가지며 살았다. 그 후로 10년, 과연 나는 대단한 사람이 되었을까? 아니 오히려 실패한 사람이 되었다. 다시 말하면 실패를 경험한 사람이 되었다. 그리고 아직 대단한 사람이 되기 위해 고군분투하고 있다.

초등학교 5학년, 축구가 너무 좋아 부모님을 설득하여 떠난 브라질 유학, 2년의 유학 기간 동안 브라질에서 배운 것은 축구보다는 인종차별, 배고픔, 경쟁 등 인생을 살아가는 방법이었다. 유학을 마치고 한국에 돌아와 프로 축구 선수라는 목표를 향해 도전했지만, 결과는 군 입대. 전역 후 다시 재도전하여 실업팀에 입단했지만 1년만에 방출. 어쩌면 흔하고 흔한 대한민국에 수많은 프로 운동 선수를 꿈꾸는 선수들의 보편적이 현실이다. 쉽게 요약하면 '실패'.

성공한 사람들은 하나 같이 똑같은 소리를 한다.

'노력하면 된다.'

'실패를 경험해야 한다.'

하나같이 다 거짓말인 줄 알았다. 왜? 죽어라 노력했는데 내 축구 선수 인생의 결과는 실패. 실패를 했는데 축구밖에 하지 않았기에 미래가 막막했다. 다만 나는 내가 실패한 것을 '인정' 했다. 그리고 빠르게 내가 성공할 수 있는 길을 찾았다.

실업팀 방출 이후 새로운 길을 위해 대학교 편입을 도전하여 세종대학교에 편입학을 했다. 입학 후 내 스펙을 쌓기 위해 스페인 유학을 다녀왔다. 복학하고 스페인어 자격증, 축구 피지컬 코치 자격증, 각종 대외활동 및 학업, 세미 프로팀 코치, 초등학교 및 중학교 스포츠 강사 등 정말 쉴 틈 없이 살아 왔다. 그리고 준비된 자에게 기회가 온다는 말처럼, 당시 최연소 프로 축구 피지컬 코치가 되었다.

하지만 피지컬 코치 활동만으로 만족하지 않고 세종대학교 대학원 석사 과정에 입학하여 학업을 병행했다. 현재는 K-리그1 포항 스틸러스 피지컬 코치로 활동하고 있다. 피지컬 코치뿐만 아니라 아이웨어 브랜드 '루크아이'를 런칭하여 연매출 5억 수준을 달성했다. 이 모든 것은 24세부터 29세까지 딱 5년만에 이룬 결과물이다.

내가 특별한 능력이 있다고 생각하는가? 나는 여러분들과 마찬가지로 아주 평범한 MZ세대 청년이다. 다만 축구 선수가 되기 위해 죽도록 노력했던 경험을 고스란히 새로운 도전에 투자했다. 그러니 길이 보였다. 맞다. 실패를 통해 경험한 것이다. 한 가지 일을 죽어라 한다고 안 될 수 있다. 하지만 실패했다고 멈춘다면 당신은 실패자로 남지만, 실패를 딛고 또 도전하면 언젠간 성공자로 남을 수 있는 것이 인생의 재미 요소 중 하나이다. 절대 영원한 것은 없다.

이 책을 읽고 있는 당신도 성공에 대한 욕구가 있을 것이라고 생각한다. 아니 성공에 대한 욕구가 없더라도 성공을 위해 도전하기를 바란다. 인생의 정답은 여러가지가 있다고 하지만, 내가 생각하는 진짜 인생의 정답은 주도적인 삶에 있다. 주도적 삶이란 내가 하고 싶은 것을 할 수 있고 원하는 삶을 살 수 있는 자유이지, 여행을 다니면서 느끼는 여유와 월급을 받고 명품과 오마카세를 위해 소비하는 것을 말하는 게 아니다. 내가 무언가를 성취를 위해 노력하고 극복하여 얻는 자유를 말한다. 나는 이러한 주도적인 자유를 'MZ 스피릿'이라 말하고 싶다.

세상은 양극화로 변화되고 있다. 부자는 더 부자가 되고 가난한 사람은 더 가난해지고 있다. 그렇기 때문에 우리는 더 실력을 키워야 한다. 더욱 나답게 살기 위해서는 실력이 기반이 되어야 한다.

이 책은 나와 같은 평범한 MZ세대들에게 적극 권장하고 싶다. 또는 실패를 맛보고 재도전하는 사람에게 권하고 싶다. 이 책은 특별한 것을 알려주지 않는다. 누구나 아는 사실을, 나만의 방법으로 적용하여 살아가는 방법론을 이야기한다. 그리고 자신감을 얻었으면 좋겠다.

'이런 사람도 가능한데 나도 할 수 있어.'

상황을 탓하지 마라. 시대를 탓하지 마라. 끊임없이 계획하고 노력하고 도전하면 없던 돌파구도 생길 것이다. 이것이 바로 새로운 시대를 주도할 진짜 '에이스 MZ 스피릿'이다.

손동민

차 례

2장

자기 주도적 인생을 살기 위한 에이스 MZ의 마인드셋

3장

당신을 에이스 MZ로 만드는 실천 솔루션!

1장

진짜 MZ 스피릿을 찾아라

"인생의 진짜 가치는

온전히 순수하게 나 자신에게

100%의 열정을 쏟아 붓는 것이다."

진짜 MZ 스피릿은 도전과 노력, 근성이다!

SNS에만 존재하는 내 친구

미디어의 발달은 우리의 삶을 더 풍요롭게 즐겁게 만들어주고 있다. 우리는 수많은 SNS 매체를 통해 각자의 삶을 노출하고 있다. 멋진 차, 고급스러운 집, 본인의 통장, 재테크, 지구 반대편의 여행 등 다양한 모습을 공유한다. 과거, 대한민국은 가진 것이 많으면 오히려 겸손해야 된다는 유교 사상으로 일상을 감췄지만, 현대 사회의 문화는 자랑을 당연시한다. 오히려 그것을 즐긴다.

그런 SNS 문화는 '엄친아', '갓생', '금수저' 등 자조적인 표현을 만들며 청년들이 삶에서 희망을 잃는 모습을 볼 수 있다.

내가 아무리 노력해도 살 수 없는 서울의 아파트를 SNS에서는 결혼하면서 부모님께 선물로 받은 모습을 볼 수 있고, 나는 야간 근무를 하고 있는데 SNS에는 운 좋게 비트 코인 투자로 성공해 해외 여행을 다녀와서 멋진 풍경과 함께 찍은 인생 사진을 볼 수 있다. 또 나는 대학교 강의실에서 혼자 쓸쓸하게 밥을 먹고 있는데 SNS에서는 타고난 외모와 몸매로 인플루언서가 되어 많은 사람의 사랑과 관심을 받는 모습을 볼 수 있다.

하지만 정작 의문인 것은, SNS에서 성공적인 삶을 사는 사람들이 왜 실제로 내 주변에는 없을까 하는 점이다. 우리 사회에서 정말 그런 인물들은 몇 명이나 있을까? 내가 그런 삶을 살기 위해서는 어떻게 해야 할까? 등수 매기기를 좋아하는 한국 사회에서 분명 우리에겐 궁금증이 있을 것이다.

'나는 대한민국의 몇 퍼센트일까?'

'나는 뭐 때문에 열심히 살아가야 하지?'

많은 MZ 청년들은 SNS를 보면 볼수록 사회 생활을 하면 할수록 소위 '현타'가 온다. 열심히 살면 살수록, 발악하면 발악할수록 초라함만이 남는다. 삶의 원동력을 잃는다. 남들과 비교를 하다 보면 자존감이 떨어지고, 안 된다는 생각과 함께 포기를 선택한다.

그런데 나는 포기하는 MZ 청년들을 보면서 어떤 생각을 하는지 아는가?

'포기하는 사람이 더 생겼으니 내가 성공할 수 있는 가능성이 더 높아지겠구나'

성공을 위해서는 특별함이 요구되는 것이 아니다. 아주 사소한 차이점만 가지고 있어도 성공할 수 있다. 사소한 차이점이 꼭 능력이 아니어도 된다. 노력이라는 능력만 있어도 된다. 쉽게 포기하고 흥미를 잃는 MZ 청년에게 꾸준한 노력은 큰 재능이 된다.

저는 지금도 충분히 만족해요?

인생에 정답은 없다. 어떻게 살든지 각자의 자유이다. 그래서 어떤 이들은 나에게 이렇게 말할 수 있다.

"내 인생의 목적은 성공이 아니다."

그런데 나는 진짜 오로지 자신의 삶의 행복을 느끼기 위해서는 성공을 쟁취해야 한다고 생각한다. 진정한 행복을 위해서 나는 성공을 향해 노력해야 된다고 생각한다. '매슬로우의 욕구이론'을 한 번쯤은 들어봤을 것이다. 피라미드의 최상위에 있는 자아실현의 욕구는 여행과 맛있는 음식에서 오는 것이 아니다. 진짜 죽을 만큼 노력해서 결과물을 얻었을 때야말로 자아실현이 일어나고 진정한 도파민을 느낄 수 있다. '릴스'나 '쇼츠'에서 느끼는 도파민과는 차원이 다를 것이다. 왜 한 번 성공해본 사람이 지속적으로 성공할 가능성이 있는지 아는가? 도전하고 성공하는 맛을 알기 때문이다. 그것이야말로 우리가 말할 수 있는 진정한 행복이고 살아가는 이유가 된다. 꼭 승리하고 이기고 돈을 많이 벌라는 것이 아니다. 본인이 계획한 목표를 피나는 노력 끝에 달성해보라는 것이다. 그럼 진정한 자아실현을 느낄 수 있을 것이다.

상위 1퍼센트 MZ

나는 스스로를 대한민국 MZ 상위 1퍼센트라고 생각한다. 나는 앞서 말한 노력과 성공을 수없이 반복하면서 성장하고 있다. 프로 축구 선수가 되지 못했지만, 좌절하지 않고 프로 축구 지도자가 되었고, 일과 공부를 병행하기 힘들 것이라며 단정짓던 내 주변 사람들을 무시하고 당당하게 대학원 석사 과정을 밟고 있고, '돌머리' 운동 선수 출신이 책을 어떻게 쓰냐는 편견을 깨고 책 2권 출간했다. 또 현재는 아이웨어 브랜드 '루크 아이'를 런칭하여 진짜 'N잡러'가 되었다. 이 밖에도 기획하고 있는 일이 있고, 하고 싶은 일이 무수히 많다.

우리 세대는 한 가지 일만 하면 지루함을 느낀다. 어디 속박되기 싫어한다. 하지만 이 또한 성공을 위해서는 필요하다. 나는 동시에 이렇게 많은 일을 하고도 힘들지 않다. 왜? 내 일을 하는 것이기 때문이다. 인생의 진짜 가치는 온전히 순수하게 나 자신에게 100%의 열정을 쏟아 붓는 것이다.

포기한 만큼 돌아온다

나 또한 MZ세대의 일원으로, 소위 MZ의 특징으로 손꼽히는 내용들을 보면 공감되는 것들이 무수히 많다. 나도 언젠간 경제적 자유를 꿈꾸고, 세계 여행을 다니고, 편한 인생을 살고 싶다는 생각을 한다. 하지만 그것을 위해서는 지금 그것을 해서는 안 된다. 우리의 삶에는 모순이 있다. 인생은 진행형이다. 지금의 나도 중요하지만 미래의 나도 중요하다. 지금 당장만을 생각하면 안 된다.

지금의 우리 부모님들의 젊었을 때 노력과 고생을 우리는 겪어보지 못하였다. 하지만 기성세대들은 분명 노력했다. 그 노력의 대가가 부동산이 될 수 있고, 편안한 노후가, 혹은 현금이 될 수 있다. 우리도 마찬가지다. 우리 부모님의 지금을 보지 말고 과거를 들여다봐라. 다들 우리 MZ의 입장을 기성세대들에게 "우리는 달라요"라고 이해시키려고만 했지, 왜 '꼰대 소리'를 하는지 먼저 이해해보려고 했는지 궁금하다. 그만큼 기성세대들은 노력을 했다.

'우리 때는 저러지 않았는데'

축구 시장도 마찬가지다. 기성세대 지도자들은 젊은 선수들에게 말한다.

"나 때는 하루에 새벽, 오전, 오후, 저녁, 야간, 3~5탕씩 운동했어"

그 결과물이 지금 현재 대한민국 축구 강국을 만들어낸 것이다. 지금 현재는 과거에 대한 결과물이다. 그렇기 때문에 우리는 기본적인 논리를 이해해야 한다. 지금의 내가 경제적 자유, 또는 원하는 목표를 못 이루었다면, 지난 10년 동안의 노력이 부족하다는 소리다. 그렇다면 내 10년 뒤의 삶을 위해 지금 하루하루를 미친듯이 노력해야 된다.

인생은 공평하다. 내가 한 만큼 돌아온다. 내가 무언가를 하지 않았는데 갑자기 경제적 자유와 세계 여행을 주지 않는다. 그에 맞는 합당한 대가를 지불해야 된다. 세상엔 공짜가 없다.

사실 모든 이들은 정답을 알고 있다. 그럼에도 불구하고 정답을 실천하기 힘들고 불확실한 미래에 대해 두려움으로 회피를 하고 있다. 진짜 MZ 스피릿은 도전이다. 그리고 노력과 근성이다. 얼핏 보면 당연한 이야기를 하는 것 같지만, 우리는 이 당연한 것조차 지키지 않는다.

인간은 매우 나약하다. 우리는 끊임없이 머리 속으로 상기시켜야 한다. 명심해라. 영원한 것은 없다. 우리는 진짜 MZ 스피릿을 만들어가며 기성 세대의 시대가 저물고 진짜 MZ 시기를 맞이할 때를 준비를 해야 한다.

우리는 왜 과정을 중시하는가?

승리지상주의

본격적으로 우리나라 스포츠가 발전되기 시작한 1980년대, 대한민국은 미국과 독일과 같은 자발적 참여 스포츠 형태가 아닌 국위선양을 위한 '보여주기' 식의 스포츠 문화가 서서히 자리 잡혔다. 내가 직접 경험해보진 못했지만, 각 반에 체력장을 통해 운동신경이 좋은 학생들을 선별했으며, 운동을 잘하는 학생은 곧 공부를 잘하는 학생과 같은 분위기를 조성했다. 또 엘리트 스포츠라는 제도 아래 체육 특기자 학생들은 다양한 학교를 다니기 위한 혜택을 받기도 했다. 그 결과 우리는 86아시안게임과 88올림픽을 성공적으로 개최할 수 있었고, 그때부터

30년 이상이 지난 지금 2020년대에는 작은 국가지만 스포츠 강국이라는 타이틀을 유지할 수 있는 계기가 되었다.

하지만 그 스포츠 강국이라는 타이틀의 이면에는 수많은 고통이 잇따랐다. 우리나라는 스포츠 세계에서 성적을 내기 위해 승리가 꼭 필요했다. 스포츠에서 승리를 위해서는 우리 인간을 극한으로 몰아 인체의 성장을 이루고 이를 통해 성과를 만들어야 하는 것이기에 '적당히'라는 방법을 있을 수 없었다. 요즘 시대에는 맞지 않지만, 내가 학창 시절 때까지만 해도 하루에 3번 혹은 그 이상의 고강도 훈련을 하는 것이 당연시되었다.

내가 고등학교 1학년 시절에는 새벽 운동에 트럭 타이어를 줄에 이어 매고 운동장을 한 바퀴당 70초에 들어오는 식의 운동을 밥 먹듯이 했다. 경기에서 이기지 못하면 회복이 아니라 운동을 더 시켰다. 학교 수업을 들어가는 시간보다 빠지고 훈련하는 날이 더 많았다. 학습권 보장이라는 말조차도 들어볼 수 없었다. 오로지 스포츠 세계에서 이기기 위한 '승리지상주의'의 세계 속에서 지면 낙오자가 되는 느낌을 받을 수밖에 없었다.

현재는 인내와 고통을 감내한 과거의 열매다

2010년도에도 무식한 훈련법을 활용했는데 1980년대에는 어땠을까? 아니 그 시절은 어떤 식으로 훈련을 했을지 감히 상상도 안 된다. 나의 스승님들께 전해 들었지만, 믿기지 않는 훈련법들이 무수히 많았다. 모 대학교를 졸업하면 '지구 한 바퀴를 돌았다'는 이야기가 허풍이 아니었을 만큼 많이 뛰었다고 한다. 지구 한 바퀴가 몇 km인지 여러분들은 알고 있는가? 약 4만6천km이다. 하루에 10km씩을 뛴다고 하면 자그마치 11년 이상을 하루도 쉬지 않고 뛰어야 하는 거리이다. 말이 안 되는 소리지만 정말 했다고 한다.

훈련뿐만 아니다. 정신 강화라는 명분으로 나약해지는 학생들에게 폭언과 폭행을 암묵적으로 합법화하여 선수들에게 처벌을 통한 강화를 일삼았다. 누구는 훈련이 힘들어서 운동을 그만두는 게 아니라 아닌 맞는 것이 무서워서 숙소를 뛰쳐나와 운동을 그만뒀다고 한다.

그런데, 절대 반복되어서는 안 될 그 시절이지만, 우리가 잊어서는 안 될 것들도 있다. 우리 나라의 성장은 경제와 스포츠를 불문하고 그저 운이 아니다. 수많은 인내와 고통을 감내해 이뤄낸 성과라고 나는 생각한다. 세상에 공짜는 없다. 당연한 것도 없다. 우리가 한 만큼 이뤄낸 결과물이라고 생각한다. 시대가 바뀌고 우리나라가 스포츠 강국으로 자리 잡고 나서부터는 '승리지상주의'를 비판하고 '과정 중시'를 지향하고 '학습권 보장'과 '학생 선수'라는 키워드가 우리 사회에 당연시되고 있다. 그런데 이 과정에서도 역시 우리 사회가 잃어가는 것이 한 가지 있다고 생각한다.

'근성'

한 가지에 몰입하고 몰두하는 '근성'을 잃고 있다. 많은 학생들이 어릴 때는 이것도 해보고 저것도 해보면서 내 꿈을 찾아가는 과정이라고 핑계 대고 있는 모습을 흔하게 볼 수 있다.

예컨대, 내가 축구를 좋아해서 12살의 나이에 시작했다고 가정해보자. 3년을 좋아해서 하다가 힘들고 지치기 때문에, 또 잘하는 동료를 보면서 내가 이기지 못할 것이라는 나약함 때문에 운동을 그만두게 된다. 그의 나이 15살에 또 다른 악기를 다루면서 보내는 시간 2년, 대학을 가겠다는 목표를 세우고 공부를 했던 시간 2년, 원하는 전공을 가지고 공부를 하다가 싫증이 나고 내 길이 아니라는 생각에 집에서 쉬면서 간단한 알바를 하며 사업하겠다는 생각을 가지면서 돈을 모으며 준비하는 기간, 사업을 조금 해보다가 다른 친구가 하는 아이템이 더 잘 되는 것 같아서 정리하고 다시 준비하는 기간, 이 모든 시간들이 내 주변에서 흔히 볼 수 있는 우리 세대들의 특징이라고 난 생각한다. 사회에 대한 핑계, 부모에 대한 핑계, 환경에 대한 핑계 등 수많은 핑계를 만들어가며 이 모든 것이 다 과정이라는 자기 합리화를 하기 시작한다.

승자만 기억하는 세상, 과정보다 결과다

인생에서 과정은 매우 중요한 요소이다. 하지만 나는 과정보다 중요한 것은 결과라고 생각한다. 우리는 점점 살아가는 데 과정을 중시하고 있다. 이 길이 아니면 다른 길에서 성공할 수 있을 것이라는 착각을 하고 있다. 실패가 무서워서 포기하는 겁쟁이밖에 되지 않는다. 내가 요즘 선수들을 지도하면서 가장 많이 느끼는 것 중 하나가 자기 한계를 너무 쉽게 정한다는 것이다. 타인에게는 매우 냉철한 관점을 두며 판단하지만, 정작 본인에게는 너무나도 관대하다. 운동을 하면 힘든 것은 당연한 진리이다. 하지만 그 힘듦을 반복하고 극복하며 내성이 생기고 더 단단해지고 훌륭한 선수로 거듭나는 것이다. 새로운 것을 찾는 것이 아니라 익숙한 것을 반복하는 것이다. 그게 바로 이길 수 있는 진리이다. 남들과 똑같이 하는데 어떻게 이길 수 있는가? 어떻게 성공할 수 있는가? 남들이 과정을 핑계 삼아 포기할 때 나는 뚝심 있게 내 길을 가면 된다.

승리지상주의가 잘못되었는가? 나는 반대로 승리지상주의야 말로 요즘 시대 성공의 비결 중 하나라고 생각한다. 승리하는 것에 대한 성취를 느껴봐라. 승리하지 못 했다면 포기하고, '역시 나는 안 되네' 또는 '이건 나에게 무리한 도전이었어'라는 말을 하거나, 과정에 만족하며 '좋은 경험이었어' 또는 '졌잘싸(졌지만 잘 싸웠다.)'라는 말을 하지는 않는가?

포기하지 마라. 승리를 위해 다시 도전해라. 아무리 사회가 '과정이 중요해'를 외치지만, 역사는 승리한 자를 기록하고 기억한다.

진짜 MZ
워라밸이란?

워라밸?

안경업을 하는 나의 아버지께서 나에게 어릴 적 자주 하시던 말씀이 있다.

“동민아, 아버지는 안경에게 정말 고맙고 감사한 마음으로 살아간다.”

왜 안경에게 감사하며 살아가시는 걸까? 나는 그 말이 이해가 안됐다. 우리 아버지는 선천적으로 몸에 불편함을 가지고 살아가신다. 아버지는 몸이 불편하지만 안경을 통해 경제 활동을 할 수 있게 해준 것에 대한 감사의 의미다. 그래서인지 60세 가까운 연세에도 365일 중에서 350일을 일하시는 분이다. 진짜

'워커 홀릭'이라는 표현은 우리 아버지에게 딱 맞는 단어이다. 그런 아버지를 보고 자라온 나도 당연히 '워커 홀릭'이라는 표현을 많이 듣는다. 근데 요즘은 이 표현이 썩 좋지만은 않다. 왜냐하면 인생을 살아가다 보니 일 중독이 아니라 일상이 일이기 때문이다.

나는 어릴 적부터 집에서 살아본 기억이 많지 않다. 항상 집 밖에서 자생했다.

1) 2007년 겨울 : 당시 내 나이 13살. 혼자 브라질 축구 유학을 떠나 타지 생활
2) 2009년 9월 : 15살에 나이에 귀국하여 중학교, 고등학교 그리고 대학생을 축구를 하며 숙소 생활
3) 2016년부터 2017년 : 군대 생활
4) 2018년 : 축구 실업팀에 취업하여 축구를 하며 숙소 생활
5) 2019년 : 스페인 유학을 선택하여 선수 생활과 축구 공부를 하며 타지 생활
6) 2020년 : 한국에 들어와서도 줄곧 축구 지도자 생활을 하며 여러 지역을 옮겨가며 단체 생활

이처럼 줄곧 집에서 가족과 함께 사는 인생보다 축구와 함께

살아가는 인생이 너무 당연하다. 그렇다. 내 일은 축구이고 내 인생에서 축구와 관련된 일을 안 한 적이 없다.

내가 처음 정식적인 경제 활동을 한 시기가 실업팀 입단이었다. 정말 신기했다. 어릴 적부터 해왔던 축구를 똑같이 하는데, 월급까지 주고 이기면 승리 수당이라는 것을 주는 것이었다. 지도자 생활을 할 때도 마찬가지다. 어릴 적 했던 일상과 다를 것이 없는데 돈을 주는 것이다.

이게 바로 내가 바로 '워커 홀릭'이 아닌 '일상이 일'이라고 표현한 이유이다. 내 삶은 10년 넘게 축구로 이루어졌다. 어릴 적 삶이나 지금의 삶이나 크게 다를 게 없다. 단지 똑같은 패턴의 삶을 살고 있는데 돈을 주다니 신기할 뿐이다. 지도자들이 유소년 선수들에게 항상 하는 말이 있다.

"성공하기 위해서는 축구가 너의 삶이 되어야 한다."

운동 선수들은 경기를 위해 모든 생활 일정이 결정된다. 토요일 14시에 경기가 있다면 그 한 주의 스케줄의 모든 훈련은 14시에 이루어진다. 그 14시의 훈련 중 최상의 컨디션을 위해 7시 30분에 일어나 산책을 하고 8시 아침 식사를 하고 휴식을 취한다. 이때 본인의 좋은 컨디션을 위해 휴식을 할 수도 있고 개인 운동을 할 수도 있고 치료를 받을 수도 있다. 그리고는 11시 30분에 점심 식사를 하고 14시에 훈련을 한다. 그냥 쉬다가 바로 훈련을 하는 줄 아는가? 짧게는 60분 길게는 120분의 훈련을 위해 30분 먼저 나가 스트레칭부터 사전 보강 운동을 다 마무리한다. 끝나면 항상 빠른 회복을 위해 얼음 찜질을 하거나 마사지를 받는다. 저녁 식사를 하고 다음 날 컨디션을 위해 휴식을 취하거나 개인 운동을 한다.

축구 선수의 일상을 들으면서 무엇을 느끼는가? 24시간이 오로지 축구 하나만을 위해 돌아간다. 밥도 축구를 위해서 먹고 휴식도 축구를 위해서 쉰다. 생각도 어떻게 하면 축구를 잘할 수 있을지 고민을 하고, 입는 것도 어떻게 착용해야 퍼포먼스에 도움이 되고 회복이 되는지 고려한다. 축구 선수에게 축구는 곧 일이다. 축구가 일상이다. 왜 이렇게 하는지 아는가? 프로 선수라는 본인의 꿈과 목표를 이루기 위해서이다.

나는 축구 지도자라는 일에 대해 어릴 때부터 해온 익숙한 삶을 살면서 경제력까지 주는 좋은 직업이라고 생각한다. 하지만 내 주변 친구들은 달랐다. 다들 똑같이 하는 소리가 개인 시간이 없다고 한다. 소위 '워라밸'을 추구하는 것이었다. 나는 내 친구들이 웃겼다. 축구 선수라는 꿈을 품고 달릴 때는 '워라밸'을 따지지 않았으면서 은퇴하고 다른 삶을 살더니 '워라밸'을 논하는 것이었다. 축구 선수가 되기 위해 축구와 삶을 동일하게 바라본 경험을 잊고, 은퇴 후 축구와 삶을 분리시키는 것이었다. 아니, 분리시켜도 된다. 다만, 새로운 꿈과 삶을 동일하게 바라보면 상관없는데, 일과 삶의 밸런스를 원한다는 이상한 소리를 한다.

운동 선수처럼 살아라

나는 운동 선수를 목표로 살아본 사람은 그 열정을 똑같이 다른 일에 쏟아붓는다면 무조건 성공할 수 있다고 생각한다. 간단하다. 삶과 목표를 동일화시키는 것이다. 난 요즘 사람들이 워라밸을 논하면서 오히려 일을 등한시하는 것 같다는 생각이 든다. 정말 일과 삶의 밸런스를 원한다면 24시간을 반으로 나누어 12시간 일하고 12시간 쉬는 게 정확하다는 생각이 든다.

나는 쉴 때도 완전하게 쉰다. 사람이 어떻게 일만 할 수 있겠는가? 나는 내 뇌가 더 이상 일을 하지 못한다고 생각이 들면 온전하게 모든 것을 다 손에서 놓는다. 그러고는 정말 아무것도 하지 않는다. 어떻게 해야 조금이라도 더 일찍 퇴근하고, 어떻게 해야 연차를 써야 잘 쓰는지를 고민하는 것이 아니라, 어떻게 쉬어야 온전하게 쉬고 내 삶에 집중할 수 있는지를 고민하는 것이 더 바람직하다. 워라밸이라는 개념을 통해 막연하게 노는 내 삶을 예쁘게 포장하는 단어를 만들지 말라.

치열함을 자랑하라

이제 20대 후반이 되어 주변에 모든 친구들이 사회 생활을 하고 있다. 모든 친구들이 공통적으로 "삶이 왜 이렇게 힘드냐?", "일을 열심히 해도 통장 잔고는 항상 부족하다."라는 하소연을 한다. 여러분들의 친구들은 어떤지 모르겠지만, 적어도 내 주변의 지인들은 여러 사회 생활에 대한 불평, 불만을 늘어놓고 있다. 아마 당신 주변도 비슷한 느낌일 거라 생각된다.

그 와중에 SNS를 보면 그들은 행복한 척, 여유 있는 척을 하고 있다. 하지만 진짜 MZ 스피릿의 멋은 삶이 힘든 것을 불평불만하는 것이 아니라 안 되는 것을 되게 만드는 것이다. SNS에서 여유 있는 척을 하는 것이 아닌, 치열하게 사는 모습을 보이는 것이다. SNS를 하지 말라는 소리가 아니다. 요즘 시대에 SNS를 하지 않으면 오히려 이상하다. 인간은 누구나 과시를 하고 싶어한다. 내 삶을 자랑하고 공유하고 싶어한다. 그렇기 때문에 SNS가 인기가 많을 수밖에 없다. 그럼 여행을 공유하는 것이 아닌, 치열함을 공유해라. 진짜 라이프는 일과 함께하는 삶이다. 라이프에 일은 당연히 들어가는 것이다.

ACE MZ에게 돈이란?

돈은 쓰레기?

돈은 우리 삶에 필수적인 요소이다. 돈이 많다고 잘살고 행복하진 않지만, 돈이 없다면 불행할 수 있다. 나는 어릴 적부터 돈이 중요하지 않다고 말씀하시는 어른들의 말을 듣지 않았다. 사실 12살까지는 믿었다. 어릴 적부터 아버지는 나에게 돈에 대한 욕심을 버리게 만들기 위해 돈은 쓰레기라고 '가스라이팅'을 하셨다. 나는 절실하게 믿었다. 돈은 쓰레기이기 때문에 올바르게 쓰지 못하고 쌓아 둔다면 악취가 나는 사람이 될 것 같다는 생각했다.

그렇게 나는 한국에서 12살까지 나고 자랐고, 대구에서 사업을 하시는 부모님 밑에서 나름 풍요롭게 컸다. 먹고 싶은 것, 사고 싶은 것, 하고 싶은 것이 있으면 부모님이 문제 없이 지원해 주셨다.

그러던 13살 겨울, 나는 축구 선수의 꿈을 품고 브라질로 떠났다. 이왕 축구 선수를 꿈꾸고 싶다면 큰 물에서 놀라는 아버지의 조언이었다. 당시 나는 축구가 너무 좋았기에 2002년 우승 국가인 브라질에 보내준다는데 거절할 이유가 없었다. 너무 행복했다.

일찌감치 깨달은 돈의 중요성, 경제 관념

다들 브라질에 대해 아는가? 브라질의 큰 특징 3가지가 있다.

❶ 다인종

❷ 축구

❸ 빈부격차

내가 그곳에 가서 가장 먼저 느낀 것은 인종차별이다. 그냥 동양인이라는 이유로 친구들이 나를 이상하게 쳐다보고 거리감을 둔다. 눈이 찢어졌다는 이유로 일본인이라고 부른다. 한국인이라고 하면 성적 비하를 한다. 나는 이것을 13살이라는 어린 나이에 느꼈다.

두 번째로 느낀 것이 축구이다. 길거리 어디를 가도 축구공을 볼 수 있었고, 맨발로 공놀이를 하는 모습을 볼 수 있다. 그 실력 또한 매우 준수했다. 축구를 배우고 싶은 나에게는 좋은 환경이었지만, 한편으로는 자존감이 많이 떨어졌다. 비슷한 수준의 친구들은 동기부여가 될 수 있지만, 너무 큰 격차는 동기부여를 상실케 할 수 있다.

그리고 마지막으로 겪은 것이 바로 가난이다. 기성 세대는 한국 전쟁 이후의 가난에 대해 조금이라도 알 수 있고, IMF 경제위기를 통해 일과 경제 활동의 중요함을 알고 있다.

반면 우리 MZ세대들은 가난과는 거리가 멀었다. 경제 성장 시기에 저렴한 물가와 부모님에게 받은 당연한 자본은 우리를 항상 풍요롭게 만들어주었다. 나 또한 그게 익숙했었다.

하지만 브라질에서 내 삶은 정반대였다. 내가 살던 동네 중 한 곳은 'Diadema(지아데마)'라는 지역으로 브라질에서도 꽤나 알아주던 빈민가였다. 팀 동료들과 훈련을 가면 동료들에게서 악취가 진동을 했다. 일주일에 한 번 씻는 것이 당연한 동료들이었다. 축구화를 보면 겉으로는 축구화처럼 보이더라도 축구화의 특징인 바닥의 스파이크가 닳아서 없거나 커다란 구멍이 나 있는 친구들도 있었다.

그런 환경 속에서 나의 삶은 어땠을까? 평범한 유학 생활이었을까? 아니다. 7시 30분까지 학교 등교를 하기 위해 대중교통을 이용할 돈이 없어서 5시에 일어나 2시간을 꼬박 걸어가며 수업을 들었다. 7시 30분부터 12시까지 정규 수업 중 간식 시간이 20분이 있었다. 그나마 나는 사립 학교에 다녔기에 브라질에서도 부유한 친구들과 함께 다녔다. 간식 시간만 되면 학교 친구들은 부모님이 챙겨 주신 도시락을 먹거나 매점에 가서 핫도그를 2레알(당시 1천 원 수준)에 사먹었다. 나는 고작 2레알이 없어 친구들에게 항상 했던 말이 있다.

"Me da uma pedaço, por favor(메 다 우마 뻬다수, 뽀르 파보르)"

무슨 뜻인지 아는가? 쉽게 해석해서 한 입만 달라는 뜻이다. 아마 내 브라질 학교 친구들은 아직까지도 한국인은 매우 가난한 동양인이라고 생각할지도 모른다.

나의 배고픔은 집에서도 계속되었다. 가장 성장을 많이 해야 하는 13~15세 시기, 배고픔은 일상이었다. 밥을 전혀 안 해준 것은 아니었다. 아침은 음식이 없어서 생략하긴 했지만, 12시에 학교를 마치고 집에 걸어오면 14시에 점심을 먹고 훈련을 갔다. 그리고 훈련이 끝나고 18시에 저녁 식사를 했다. 저녁 식사 이후부터 나에겐 지옥이었다. 배가 너무 고픈 것이다. 잠들기까지 간식조차 없었다. 부모님이 용돈을 주시지 않았냐고? 당연히 주셨다. 한 달에 200레알(10만원)을 받았다. 보통 축구화 가격이 20만 원 정도 한다. 경제 관념이 부족한 내가 사고 싶은 축구화를 하나 사면 2달치 용돈이 사라졌다. 게다가 성장기인 내가 브라질을 갈 때 챙겼던 옷들은 금방 작아졌다. 옷을 몇 벌 사면 또 2달치 용돈이 사라졌다. 이러한 이유로 나의 21개월의 브라질 생활에서 교통비, 간식비, 여가비 등 모든 개인적인 돈은 없었다. 이때 나는 깨달았다. 돈과 저축의 중요성을 말이다.

MZ 돌연변이 '짠돌이'

2010년대, 돈과 관련해 젊은 세대에게 유행하는 키워드가 있었다.

'YOLO(욜로)'

'You Only Live Once'라는 말로, 한 번 사는 인생 젊었을 때 해보고 싶은 거 다 소비하면서 행복을 찾는 행위를 뜻한다. 이때 주변에 친구들은 너도 나도 모든 소비를 욜로라는 핑계를 대면서 자신의 돈 낭비를 합리화했다.

나에게는 신기한 풍경이었다. 마치 브라질의 문화를 보는 느낌이었다. 내가 본 브라질 어른들에게는 재밌는 소비 문화가 있었다. 365일이 파티 같은 느낌이었다. 예를 들면, A가 1월 1일이 월급일이다. 그럼 A가 주변의 친구들을 초대한다. 그리고 그날 월급을 전부 탕진한다. 1월 2일은 B의 월급날이다. 그럼 B가 A를 포함한 모든 친구들을 초대한다. 그리고 B의 월급을 그날 전부 탕진한다. 그렇게 365일을 파티로 즐기는 사람들 같았다.

2020년대, MZ세대에게 돈과 관련해 유행하는 키워드가 생겼다.

'무지출 챌린지'

나는 이 워딩을 듣고 웃겼다. 내가 성인이 되고부터 자연스럽게 했던 행동 중 하나였기 때문이다. 나는 운동 선수 생활을 했기에 보통 삼시세끼를 다 팀에서 주고 옷과 신발마저 지급받는다. 2023년 기준 포항 스틸러스 피지컬 코치로 있으면서 온전히 나에게 쓴 돈은 월 10만 원이다. 이마저도 책을 쓰기 위해 카페에 가서 커피 한 잔 시켜 놓고 바다를 보면서 글을 썼다.

그럼 이외에는 얼마나 썼냐고? 평균 월 70만 원을 썼다. 보험, 공과금, 교통비 등 모든 것이 포함된 금액이다. 나이 29살에 내가 타던 차는 경차이다. 포항 스틸러스 클럽하우스가 너무 외지에 있어 차가 없으면 생활하기가 힘들기에 중고로 구매했다. 나는 돈을 안 쓰는 짠돌이 기질이 브라질에서부터 몸에 배었다. 그렇기 때문에 돈을 잃는 행위 또한 하지 않았다.

저축과 무지출이 전부인가?

2012년 2월, 18살 고등학교 2학년, 첫 전국대회를 마치고 휴가를 받아 집에서 쉬던 중 처음으로 경제관념이 조금씩 생겨 혼자 은행에 가 적금을 들었다.

"안녕하세요, 적금 넣고 싶어서 왔어요!"

"어떤 상품을 원하니?"

"한 달에 10만 원씩 저축하려구요"

"어린 나이부터 대단하구나! 10년 넣으면 비과세 혜택이 있으니 꾸준히 넣으렴."

"감사합니다."

2023년 2월, 잊고 지내던 적금 만기가 되었다. 너무 뿌듯했다. 돈을 모았다는 것을 떠나서 10년의 세월을 이겨냈다는 것이 자랑스러웠다. 10년 동안 한 달에 10만 원이지만 적금 만기를 채우는 사람이 몇이나 될까? 액수가 중요한 것이 아니었다. 꾸준하게 살아온 나에게 고마웠다. 이자가 얼마나 될지 나는 궁금했다.

내 나이가 18살인 것을 알고도 은행 직원분은 연금저축상품을 추천해 주셨다. 지나고 나니 그런 생각이 들었다. 만약 내 주변에 누군가 12년도부터 삼성전자 주식을 10만 원씩 사라고 했으면 어땠을까? 그렇다고 후회하지 않는다. 나는 10년을 꾸준히 재테크 할 수 있는 능력과 경험이 생겼다. 그리고 그 경험으로 확신이 생겼다.

우리 MZ들은 돈에 대해서는 굉장히 계획적이어야 한다.

'아, 당장 내일 어떻게 될지 알고 무슨 계획이야?'

만약 당신이 그런 생각을 하면서 아무렇게나 막 산다면 세월이 지난 후 허무하지 않을까?

당신의 말이 맞을 수 있다. 인생은 뜻대로, 계획대로 흘러가지 않는다. 그렇다면 뜻대로 되지 않는다고 즉흥적으로 살 게 아니라 더욱 계획하고 준비해야 한다.

내가 업으로 살고 있는 축구로 예를 들어보자. 축구는 개인 스포츠가 아니다. 단체 스포츠이다. 내가 있고 상대가 있을 뿐만 아니라 동료가 존재한다. 내가 컨디션이 좋더라도 동료가 컨디션이 좋지 못해 실수를 해서 질 수도 있다. 상대성이 존재하고 수많은 변인들이 존재한다. 그럼에도 불구하고 이기기 위해 훈련을 하며 우리를 분석하고 상대를 분석하며 준비한다.

여러분들의 일도 마찬가지다. 한 가지 프로젝트를 수행한다고 생각해보자. 많은 변수들이 존재할 것이다. 그럼에도 불구하고 당신은 계획하고 협업하여 성과를 달성할 것이 아닌가?

인생도 마찬가지다. 다만, 왜 축구도 프로젝트도 인생도 계획해야 하는가? 간단하다. 확률이다. 계획을 안 하고 성공할 확률은 50%, 계획을 하고 성공할 확률은 51%, 난 1%의 작은 확률에 내 인생을 건다. 물론 축구도 프로젝트도 인생도 한 번은 이길 수 있다. 하지만 장기적으로 봤을 때 무조건 실패한다. 돈도 마찬가지다. 내가 하고 싶은 것, 내가 살고 싶은 것 다 하면서 계획 없이 살다 보면 그 끝의 답은 정해져 있다. '패배'

부모의 트로피는 내 것이 아니다

난 우리 기성세대 부모님들께 한 소리를 하고 싶다.

'제발 자녀들 데리고 해외여행 가지마라.'

부모님들의 크나큰 실수 중 하나가 나는 고생했으니까 우리 애는 고생 안 했으면 좋겠다는 이야기이다. 2023년 포항 스틸러스에서 피지컬 코치로 있으면서 FA컵 우승과 K-리그 1 준우승, 그리고 AFC 조별 예선 무패 본선 진출이라는 역사적인 성적을 거뒀다.

하지만 나는 2023년 포항 스틸러스로 이적하면서 2024년의 나를 미리 결정했었다. 내가 이 팀에서 아무리 좋은 성적과 능력을 보여준다고 해도 나는 무조건 이 팀을 떠날 것이다. 이유는 간단했다. 부모님의 경제적 도움으로 영국에 박사학위를 도전하러 갈 생각이었다. 나는 인생을 쉽게 생각했다.

2023년 11월, 모든 시즌의 일정을 마쳤다. 포항에서의 재계약뿐만 아니라 타 팀에서의 오퍼도 있었다. 하지만 나에게는 이미 박사학위라는 계획이 있었기에 거절할 생각이었다.

그런데 어느 날, 휴가 기간 중 아버지가 나를 사무실로 부르시더니 당신께서 나를 잘못된 길로 안내하고 있다고 하셨다. 그런 말씀과 동시에 나에게 영국 박사학위를 위한 금전적인 지원을 안 하겠다고 하셨다. 그리고는 말씀하셨다.

"난 내 아들을 믿는다."

아버지는 충분히 생각을 하시고 말씀하셨지만 내 입장에서는 갑작스럽게 모든 계획이 틀어진 것이다. 그렇다고 아버지를 탓할 것은 아니다. 왜냐하면 그 돈은 내 돈이 아니다. 아버지의 귀중한 시간과 노력으로 이루어 낸 결과물이라는 것은 옆에서 지켜본 바로 똑똑히 알고 있다.

몇 개월 뒤 나는 영국 유학이라는 꿈을 위해 포항 스틸러스와 재계약을 했고, 더 큰 돈을 벌기 위해 사업을 시작했다. 생애 처음으로 짠돌이가 사업을 위해 투자라는 것을 시작했다. 자신이 있었다. 내가 가진 장점과 내 주변의 환경이 사업을 성공시켜줄 것이라고 말이다. 짧은 기간이지만 월 매출 3천만 원 이상을 유지하고 있다. 아버지의 말이 이제 이해가 되었다. 아버지는 내 능력을 키우시고 싶었던 것이다. 그리고는 느꼈다.

'아, 돈은 이렇게 쓰는 것이구나!'

에이스 MZ가 되고 싶다면 그 누구보다 아껴라. 그리고 모아라. 언제까지 모아야 하냐고? 그건 나도 모른다. 하지만 한 번쯤 느낄 것이다. 더 큰 무대로 올라갈 기회가 왔을 때 투자할 시기가 있을 것이고, 그 기회를 잡을 수 있을 타이밍을 말이다.

인생의 시간이란 퍼즐을 치열하게 맞춰라

경험을 중시하는 시대

멋진 MZ로 살아가기 위한 관문 중 하나가 바로 '경험'이다. 많은 기성세대가 우리에게 젊을 때 다양한 경험을 하라고 전하고 있다. 뿐만 아니라 문명의 발전으로 내가 원하면 경험에 대한 정보를 얻고 실행에 옮길 수 있다. 남들이 해보지 못한 것을 해보는 것이 자랑이 되고 의미가 생긴다. 나도 경험은 삶을 살아가고 자신의 차별화를 만드는 방법 중 큰 비중을 차지한다고 본다. 경험이 하나씩 쌓여 나라는 캐릭터를 만들어 간다.

과거에는 한 가지 일만 하면서 본인의 캐릭터를 만들어 갔지만, 시대가 변했다. 하나의 경험으로는 기성세대에게 흥미를 줄 수 없다. 취업을 한 주변 친구들만 봐도 대단하다 싶을 정도로 많은 경험을 했다. 어학부터 동아리 활동, 인턴 활동에 이르기까지, 그들의 포트폴리오를 보면 왜 취업을 못 하는지 이해가 되지 않을 정도이다. 그래서 가급적 많은 경험을 하는 것도 중요하지만 경험의 질이 더 중요하다. 경험의 질은 본인의 캐릭터를 주인공으로 만들 수도 있고, 그저 스쳐가는 인물로 만들 수도 있다.

시간 멀티플레이어가 되자

그럼 경험의 질을 올리기 위해서는 어떻게 해야 될까? 사람은 저마다 흥미가 있고 장점이 있다. 그것을 잘 활용해야 한다. 내 코치 경력 중 첫 프로 구단은 안산 그리너스 FC이다. 안산에서 연락을 받고 당시 조민국 감독님과 면접 미팅이 있었다. 나는 내 나름의 포트폴리오와 이력서를 챙겨갔다. 당시 내 나이 고작 26살이었다. 26살에게 프로 구단 코치는 정말 영광의 자리이다. 하지만 반대로 감독님은 당장 성적을 내지 못하면 경질 혹은 자진 사퇴라는 책임이 있는 입장이기에 코치 한 명의 채용에도 굉장히 신중한 상황이었다. 감독님께서 내 이력서를 보시더니 가장 먼저 하신 말씀이 있다.

"이 이력서 가짜 아니야?"

나는 순간 당황했다. 감독님 말씀의 의미는 너무 짧은 시간 안에 너무 많은 경험을 한 것이 의심스러워서 농담을 하셨던 것이다. 사실 누가 봐도 내 20대의 경험은 정말 알차다. 내 첫 책인 《피지컬 코치, 축구 시장의 판을 바꿔라》를 읽고 연락을 해 온 독자들의 첫마디는 하나같이 정말 바쁘게 살았다는 표현이었다. 26살에 선수 생활을 실업팀까지 했고 군대도 다녀왔으며, 세종대학교 학사 졸업, 거기에 세미 프로 코치 경력 및 피지컬 코치 라이센스까지 완벽하게 갖췄다. 이 뿐만 아니라 한국어를 포함해 포르투갈어 원어민 수준, 스페인어 자격증 B1 보유, 영어까지 기본 의사소통 수준으로 구사한다고 하니 누가 믿겠는가? 하지만 진짜 이게 바로 내 18살부터 26살까지 8년간 경험이고 캐릭터이다.

그 비결이 궁금하지 않은가? 바로 '시간 멀티플레이어'이다. 누구나 주어진 시간은 동일하다. 나는 이 주어진 시간을 어떻게 효율적으로 사용할지 고민했다. 그렇게 내린 결론이 바로 '절대 한 가지 일만 하지 말자'이다.

나는 20대에 돈보다는 경험을 중시했다. 지금 내가 가지는 경험이 반드시 30대에 복리의 법칙으로 더 큰 부를 가져올 것이라고 믿었기 때문이다. 내가 처음으로 입학한 대학교가 바로 부산에 위치한 부산외국어대학교이다. 난 대학교를 축구 특기생으로 들어갔지만 축구만 하지는 않았다. 쉴 때면 수업에 들어가서 공부를 했다. 전공은 체육학이었지만 내 경험을 위해 중남미학부를 복수전공하여 중남미의 문화를 이해하고 포르투갈어와 스페인어를 배웠다. 군대를 갔을 때도 마찬가지다. 군대 입대 후에도 전역하고 선수로 복귀하기 위해 운동을 꾸준히 하며 몸을 만들었다.

실업팀에서 선수 생활을 할 때도 마찬가지다. 쉴 때면 영어 학원을 다니고 독서 모임을 다녔다. 세종대학교로 편입하고 나서도 학교 생활만 하지 않고 다른 경험을 쌓기 위해 스페인 유학을 선택을 했다. 단순 유학만 가기에는 시간 효율이 떨어진다고 생각해서 내가 입단할 수 있는 축구단을 찾기 위해 이력서를 넣었고, 숙식 제공을 받으면서 5부 리그 팀에서 축구 선수 생활을 하고, 훈련 시간 외에는 스페인어 공부를 위해 도서관만 갔다. 주말이면 스페인 축구협회 지도자 자격증을 따기 위해 시내 협회에서 연수를 받았다. 한국에 돌아와서는 대학교를 복학하고 학교를 다니면서 축구 선수 생활을 할 수 있는 세미프로 팀을 찾아 플레잉 코치 활동을 했다. 뿐만 아니라 프로 피지컬 코치가 되기 위한 자격증도 이때 다 취득하고 대학 연합 스포츠 마케팅 동아리 활동 및 각종 대외 활동도 놓치지 않고 찾아

다녔다.

이 많은 것을 하는 데 걸린 시간이 고작 5년이다. 누구는 그런다.

“아, 나는 영어 공부할 시간이 없었어.” 또는 “나는 유학 갈 돈이 없어.”라고….

내 첫 브라질 유학 때는 부모님의 경제적 지원이 있었다. 하지만 두 번째 스페인 유학을 원했던 시기에는 내가 이미 성인이기에 부모님의 경제적 지원이 없었다. 그래서 내가 찾은 방법은 그동안 해온 축구를 활용해 경비를 아끼는 방법이다. 내가 1년 동안 스페인에 있으면서 소비한 돈은 비행기 포함 500만 원이다. 이 비용 안에는 지도자 자격증 취득 비용 및 스페인어 과외 비용도 포함된다. 뿐만 아니라 한국에 돌아와 세미 프로에서 받은 고정 월급은 0원이었다. 한 번씩 경기를 이기면 받는 수당이 월 평균 50만 원 수준이다. ‘훈련 시간에 알바를 했으면 더 좋지 않을까?’라고 수없이 생각했지만, 이 경험이 나의 미래엔 훨씬 더 값진 경험이 될 것이라 믿고 도전했다. 그 결과 나는 20대에 굉장히 악착 같이 가난하게 살았지만, 운동 선수 출신임에도 불구하고 많은 경험과 결과물을 만들었다.

당신이 어떤 경험을 하든 주변 사람들은 아무런 관심이 없다. 하지만 당신이 성공을 하면 많은 이들이 당신의 경험을 궁금해한다. 무슨 의미인지 아는가? 지금이 중요한 것이 아니라 미래의 내가 중요하다는 것이다. 지금의 내가 무엇을 하는가에 따라 미래의 나를 만들 것이고, 지금의 나는 과거의 내가 만들어 낸 부산물이다. 절대 남을 탓할 필요 없다. 온전히 내가 한 일에 대한 책임이다. 시간이 부족한 것도 아니고 사회 제도가 문제도 아니다. 온전히 내가 가진 공평한 시간에 대한 활용이 문제이다.

인생은 퍼즐 놀이다

세상에는 경쟁자가 생각보다 많다. 치열한 사회에서 이기려면 신이 공평하게 주신 시간을 잘 활용해야 한다. 하루에 주어진 24시간, 더 넓게는 똑같이 주어진 10대와 20대를 어떻게 활용하며 살아가야 하는지가 중요하다. 앞서 말했듯이, 우리는 경험을 통해 나라는 사람을 만들어간다. 집에서 하루 종일 핸드폰만 하는 것도 경험이다. 같은 시간 하루 종일 공부만 하는 것도 경험이다. 인생에 헛된 경험은 없지만 경험의 질은 확실히 다르다. 모든 경험을 어떻게 활용하여 본인에게 적용시키는지가 핵심이다.

예를 들어보자. 내 직업은 피지컬 코치이다. 피지컬 코치는 스포츠 과학을 기반으로 선수들의 체력과 컨디션을 관리한다. 축구 선수들의 체력을 세부적으로 파고 들어가서 보면 심폐지구력, 스피드, 근력, 파워, 협응성 등으로 다양하게 나눌 수 있다. 스포츠 과학 분과 중 유산소 능력 강화를 위한 이론을 학사와 석사 시절 공부했다. 스피드와 근력을 위해 해부학과 역학을 공부했고, 심폐지구력과 협응성을 위해 생리학과 운동 제어 분야를 공부했으며, 회복을 위해서 영양학과 생화학을 공부했다.

하지만 현장은 이 이론들을 다 안다고 좋은 성적을 내는 것이 아니다. 기본적인 학문을 언제 어떻게 활용하며 현장에 적용할지가 중요한 것이다. 내가 가진 지식이라는 퍼즐을 끼워 맞춰 가며 결과물을 만들어 낸다는 점에서 마치 퍼즐 놀이와 같다.

인생도 마찬가지다. 인생의 성공을 위해서는 정해진 시간 속에서 경험들을 쌓고, 그 경험들을 통해 나라는 사람의 캐릭터를 만들어 가는 퍼즐 놀이를 해야 한다. 내 경험을 활용하여 성공에 다가가야 한다. 절대 헛된 경험은 없다. 하지만 경험의 질은 차이가 난다. 진짜 에이스 MZ가 되기 위해서는 단순한 경험은 의미가 없다. 진짜 경험을 발굴하고 계획하며 실천해야 한다.

아무래도 안 될 것 같아?
그럼에도 불구하고!

최고의 문턱 '내 집 마련'

많은 친구들이 말한다.

"우리는 언제 집 사냐?"

그리고 서울 부동산 가격을 본다. 아파트 평균 7억이라는 숫자를 보며 20대 평균 월급과 비교를 해본다. 연봉 3,600만 원, 세금 후 월급으로 따지면 280만 원, 이 중에 월 평균 150만 원씩을 저축한다고 생각해보자. 1년 동안 꼬박 모으면 1,800만 원, 그럼 매달 150만 원을 40년 동안 꾸준히 모았을 때 7억이 모인다. 평균 경제 활동을 시작하는 나이가 24살이라고 봤을 때, 64살이 됐을 때 온전한 내 집을 살 수 있다. 대출을 받아 산다고 생각해보자. 그래도 4억이 필요할 것이다. 딱 반으로 나눠서 20년이 필요하다고 생각하면, 내 나이 44살에 내 집을 구할 수 있다는 것이다. 거주만 생각하더라도 포기하기 딱 좋은 수치이다.

그런데 우리가 행복하게 살아가는 데 집이 꼭 필요한가?

난 그런 생각을 한다.

'우리 집은 아직 월세 사는데?'

나는 29살이 되는 지금까지도 자가에서 살아본 적이 없다. (부모님 포함) 그렇기 때문에 아무리 열심히 살아도 단지 집을 사지 못한다는 이유가 우리가 인생을 열심히 살아가는 것을 포기해야 하는 이유가 될 수 없다고 생각한다. 그리고 아무리 돈을 모아도 자가 마련이 힘들다고 돈을 흥청망청 소비하고 저축을 해도 의미가 없다고 생각하는 요인이 될 수 있을까? 만약 집이 없다면 행복한 인생을 살지 못 하는 것인가?

반대로 이렇게 생각할 수 있지 않나? 아무래도 안 될 것 같은 일을 내가 노력해서 이뤘을 때의 행복감은 어떨까? 나는 내 친구들이 못 이룬다는 것을 내가 반드시 이루는 것이 더 큰 가치와 행복을 준다고 생각한다. 이것을 한 번쯤 느낀 사람은 내 말이 무조건 이해가 될 것이다. 만약 느끼지 못 했다면 느끼기 위해 노력해봐라. 인생에 새로운 길이 보일 것이다. 이처럼 진짜

MZ 에이스가 되기 위해서는 성취의 가치와 행복을 알아야 한다.

최고의 경쟁자 '금수저'

나와 다른 유형의 친구들을 한 번쯤 비교해 보자.

20대 초반엔 대학교를 다니며 열심히 알바를 하면서 생활하는 나, 부모님께 용돈 받으면서 편하게 학교 다니고 친구.

20대 중반엔 취업하고, 1년 동안 열심히 돈을 벌고 모아서 만든 돈이 2천만 원인 나, 1년 동안 여행 다니고 명품 사면서 자랑하고, 모은 돈이 2백만 원인데 갑자기 부모님이 사준 외제차를 타고 나타나는 친구.

20대 후반엔 월세 5평 원룸에서 살면서 1시간 거리를 출퇴근하는 나, 부모님이 사준 역세권 오피스텔 혹은 자가에서 10분 거리를 출퇴근하는 친구.

인생은 그렇더라. 시작은 동일 선상인 줄 알았지만, 매일을 겪으면서 그 시작점이 다르다는 것을 느낀다. 어쩌면 나보다 더 뒤에서 시작하는 이들도 있다. 하지만 인간의 심리는 후발자를 보며 위안을 삼기보다는 선두자를 보면서 허탈함을 더 많이 느낀다. 그렇기에 내 주변의 친구들은 도전보다는 포기를, 성장보다는 유지를, 성공보다는 안정감을 선택한다.

그러나 이런 마음은 인간이 자신의 삶의 궤도를 유지하게 만들기보다는 하락하게 만든다. 에이스 MZ의 길을 방해하는 요소가 된다.

나는 그런 친구들을 보면서 나의 목표와 궤도를 유지하는 데에 방해 받지 않았을까? 난 전혀 방해 받지 않았다. 내 브라질 유소년기는 가난의 끝이었다. 나만 가난했는가? 내 주변의 모든 친구들이 가난했다. 거기서 인생의 바닥을 느끼고 포기가 아닌 성장을 택한 것이다. 다시는 그때의 배고픔과 가난과 비하를 느끼지 않기 위해서이다. 진짜 MZ 에이스들은 상대를 보며 포기를 하지 않는다. 그저 내가 성장과 성공해야 하는 명확한 이유를 가슴 속에 새기며 독하게 살아간다.

최고의 허탈함 '쉬운 돈'

2021년 당시 FC 서울의 기성용 선수의 인터뷰가 인상적이었다. 많은 선수들이 비트코인 중독에 빠져 훈련과 경기에 집중을 하지 못한다는 것이다. 수억 원대 연봉과 경기당 수당을 수백만 원씩 벌어가는 운동 선수들조차 비트코인의 중독에 빠져 본업에 집중을 못 하는 것이 이슈가 되었다.

나도 그 시기 팀에 소속되어 선수 생활을 하고 있었다. 대부분의 선수들은 운동장에 도착하기 전까지 핸드폰을 잡고 코인을 보고 있었다. 평균 훈련 시간 90분이 시작하기 전 코인에 돈을 걸어 놓고 훈련이 끝나면 부리나케 핸드폰을 잡고 자신의 코인의 가치를 본다.

이처럼 2021년 우리 사회에 큰 이슈를 몰고 온 키워드 중 하나인 '가상화폐'는 젊은이들의 경제 개념을 바꿔 놓았다. 친구들을 만나기만 하면 다들 하는 소리가 있다.

"내 친구의 친구는 비트 코인으로 1억을 벌었다던데?"

누구는 10억을 벌고 누구는 100억을 벌고, 내 주변에는 있지도 않은 그 누군가는 항상 나의 의지와 동기부여를 허물어트리고 있다. 노력하지 않아도 쉽게 벌 수 있는 방법을 경험한 청년들은 이제 더 이상 힘든 노동이 동반된 일을 하지 않는다. 갑작스럽게 큰 돈을 벌게 되는 청년들은 아무런 계획 없이 일찍이 은퇴를 선언하는 '파이어족'과 근거와 경험이 없이 '전문 투자자'로 전향하는 모습이 많아졌다.

우리의 뇌는 이미 짧은 순간에 돈을 버는, 중독과도 같은 과잉 도파민에 노출되어 투기를 멈출 수가 없다. 인간은 누구나 쉬운 것을 선호하고 주변에 누군가 성공하는 것에 자극을 받기보다는 포기가 빠르다. 하지만 내 친구가 갑자기 잘됐다고 내가 허탈함을 느끼고 열심히 안 살아도 되는가? 친구의 인생과 내 인생이 도대체 무슨 상관이 있는가? 그저 내 갈 길을 가면 되지 않는가?

인생은 자신의 철학이 옳다는 것을 증명하기 위해 살아가는 것이지 남들의 갑작스러운 성공을 보고 부러워하고 허탈함의 느끼는 것이 아니다. 진짜 MZ 에이스들은 그런 모습을 보고 오히려 화가 나고 웃어야 한다. 진정한 철학과 행복은 한 순간에 오는 것이 아닌, 절실한 성과에서 나오는 것이다.

그럼에도 불구하고!

이 밖에도 인생을 살면서 우리는 사회 문화와 환경, 그리고 기성세대의 독점 등 많은 요인들로 인해 성공보다는 안정적인 삶을 택하면서 포기를 합리화한다. 이미 실제로 노력보다는 여가를 즐기고 저축보다는 소비를 즐기는 MZ의 문화를 보면 인생을 전체를 위하는 느낌보다는 그냥 현생을 즐기는 모습에 더 가깝다. 아무리 노력해도 끝이 안 보이고 포기를 할 수밖에 없는 요인들이 너무 많다.

하지만 시대를 막론하고 매 순간 영웅이 존재했고, 부자가 있다. 우리 세대에는 나타나지 않을까? 무조건 생긴다. 그게 내가 될 수 있고 당신이 될 수 있다. 하지만 대부분의 MZ들은 그냥 남 탓하기 좋아하는 인간의 습성으로 인해 시대와 배경 탓, 기성세대 탓을 하며 자기 합리화를 하고, 포기하기 좋은 명분을 만드는 것이다. 나는 이런 순간일수록 우리 에이스 MZ들의 기회라고 생각된다. 내 친구가 적당히 하고 즐길 때일수록 경쟁자가 줄었기에 성공할 가능성은 올라간다고 생각한다.

축구로 한번 비교해보자. 매년 축구 선수가 되기 위해 도전하는 유소년 선수들은 약 1만 명이 된다. 그 중 프로 선수가 되는 문턱을 넘을 확률은 겨우 1%도 되지 않는다. 내가 프로 선수들을 지도하면서 느낀 것이 있다. 모든 프로 선수들이 재능이 있지는 않다는 것이다. 물론 재능을 타고 난 선수들도 있지만, 노력을 통해 포기하지 않고 끝까지 도전해서 꿈을 이룬 선수들도 있다.

인생도 마찬가지다. 내가 재능이 없고 환경이 도와주지 않는다고 해서 포기하는 것이 아니다. 남들과 나를 비교하는 것이 아니다. 그럼에도 불구하고 노력해서, 남들보다 조금 더 해서 성과를 만들어야 한다. 그것이 바로 우리 에이스 MZ가 갖춰야 할 능력 중 하나이다.

자신의 상황을 인정하는 순간이 변화와 성장의 출발점이다

'헬조선' 아니? '파라다이스 조선'

내가 브라질과 스페인에서 유학 생활을 보내며 다행이면서 감사하다고 생각한 것이 있다. 바로 한국에서 태어난 것이다. 그리고 덕분에 나의 출발점이 상당히 빠르다는 것에 감사했다.

유럽을 여행해 본 사람이라면 알 것이다. 유럽은 잘 사는 나라가 아니다. '잘 살았던' 나라이다. 내 생각 속에 유럽이라면 축구 강대국이며, 축구로 많은 돈을 벌기에 당연히 잘 산다는 인식이 있었다. 하지만 내가 있던 스페인은 관광 산업 국가였고, 국가 시설 및 의료 문화가 한국보다 뒤처진 국가였다. 그밖에 많은 국가와 대한민국을 비교해봐도 대한민국은 굉장히 긍정적인 나라이다. 그렇기 때문에 우리는 평균을 놓고 보면 한국에서 태어난 것에 감사하다고 느껴야 하는 것이 정상이다.

하지만 우리는 이 긍정적인 나라에서 항상 불공평함을 따진다. 아무리 노력해도 되지 않는다는 감정을 느끼며 삶의 목적을 잃어간다. 그런 친구들에게 항상 나는 이렇게 말한다.

"우리는 정말 감사해야 해"

브라질의 내 친구는 수도세를 아끼기 위해 일주일에 한 번 씻는다. 브라질의 내 친구는 축구화가 없어서 맨발로 축구를 한다. 우리는 살아오면서 당연시했던 것들은 누군가는 하지 못하고 있다. 그러므로 우리는 회의감이 아니라 감사함을 느끼고, 가진 것을 꾸준히 지켜갈 수 있도록 노력해야 한다.

포항 스틸러스 프로 축구단 역사상 최고의 미드필더라고 해도 과언이 아닌 오베르단 선수의 일화를 하나 말해주겠다. 브라질은 결혼을 대부분 일찍 하는 편이다. 오베르단 선수도 이른 나이에 결혼을 했다. 20대 초반 아이가 생기고 가장이 되었다. 그는 선택에 기로에 섰다. 너무나도 가난했기 때문에 축구 선수로 생계를 유지하기 힘들어 운동을 그만두고 막노동을 잠깐 했다. 하지만 와이프의 권유로 축구 선수의 꿈을 지속했다. 한국으로 오기 전까지의 오베르단 선수의 가정은 매우 힘들었다고 한다. 그럼에도 불구하고 2023 시즌 K-리그 포항 스틸러스에서 기회를 받아 지구 반대편으로 도전하게 되고, 첫 시즌인 2023 K-리그 베스트 11에 선정되었다. 2024시즌 K-리그 올스타전 선수에도 발탁되어 토트넘과 이벤트 매치를 했다. 그는 이제 가난해서 꿈을 포기하는 선수가 아니다. 그는 항상 나에게 말한다. 배고픈 시절을 알기에 도와준 가족들이 너무 고맙고 가족을 위해 최선을 다하겠다고.

내가 여기서 말하고 싶은 것은, 적어도 당신은 가난하기 때문에 하고 싶은 일을 그만두지는 않는다는 것이다. 대한민국은 기회의 장이다. 대한민국에서 태어난 우리는 '헬조선'이라고 비하할 것이 아니라 감사함을 느껴야 한다.

불공평한 인생을 인정하다

당연히 인생을 살아가면서 불공평하다고 느끼는 것들이 많을 것이다. 그것이 외모가 될 수도 있고, 재능이 될 수도 있고, 부모의 재력이 될 수도 있다. 태어날 때는 굉장히 비슷한 시작점이라 생각할지라도 어느 순간 주변을 돌아보면 내 친구들은 이미 나보다 훨씬 앞서 있었다는 것을 깨닫는다.

하지만 중요한 것은, 우리는 그것을 받아들여야 한다는 점이다. 인정하지 않으면 불평과 불만만 생기고 타인과 나를 비교하면서 자존감을 낮추기만 할 뿐이다. 그렇다고 평생 불공평할 것인가? 변화와 성장은 자신의 현재 상황을 인정하는 순간부터 시작된다. 나는 26살에 운동을 그만두고 은퇴를 결정했다. 어느 날 인터뷰에서 이런 질문을 받았다.

"코치님은 왜 그렇게 은퇴를 일찍 하셨어요?"

답은 내가 부족한 것을 인정했기 때문이다. 나는 스스로의 실력을 냉정하게 평가하여 프로 선수 혹은 국가대표 선수가 되지 못 할 것을 인정했다. 대신 그들과 어떻게 하면 동등할 수 있을지 고민하고 실천하였다. 신은 공평하지 않다. 나에게는 재빠른 달리기 실력과 재치있는 발재간을 주지 않았다. 대신 거기에 좌절하지 않고 방향을 바꾸어 코치가 되기 위해 노력했다.

고등학교 때의 경험이다. 나는 브라질 유학 이후 국내 고등학교로 진학을 하여 1학년 때부터 3학년 형들과 경기를 꾸준히 뛰었다. 성인이 되고 난 뒤의 2살 터울은 크게 티가 나지 않는다. 하지만 고등학교 시절의 고1과 고3의 차이는 크다. 그런 상황 속에 나는 1학년 때부터 팀의 주축 선수였기에 또래에 비해 자존감이 굉장히 높았다. 당연히 대학교 진학을 인 서울에 할 수 있을 것이라 생각을 하며 프로 선수의 꿈을 키웠다.

그런데 가장 중요한 고3 동계 시즌에 십자인대가 파열되었다. 다시 자존감은 바닥을 찍었다. 결과적으로 나는 부산의 대학교에 진학하게 되었고, 내 또래 친구들은 대부분 수도권 또는 축구 명문 대학교에 진학을 하였다.

그때 나는 느꼈다.

'아, 영원한 것은 없구나'

오늘의 내가 잘된다고 내일의 내가 잘된다는 보장이 없다. 반대로 오늘의 내가 안 된다고 내일의 내가 안 된다는 보장이 없다. 그렇기 때문에 인생을 너무 현 상황에서 단정 짓지 말자.

인생을 장기전으로 보면 지금 당장은 불공평해보일지 몰라도 묵묵히 내 길을 걷다 보면 그 불공평함을 뛰어넘을 수 있다. 또 반대로 현실에 안주하면 뒤집히는 것이 인생이라는 점도 명심해야 한다.

자기 인정은 성장의 출발점이다

축구를 지도하다 보면 성장하는 선수들에게는 한 가지 비밀이 있음을 깨닫게 된다. 2024년도 포항 스틸러스에서 나의 주된 업무는 2군 선수들 관리이다. 대부분 2군 선수들의 연령은 19~22세 선수들이다. 2군 선수들은 지금 당장 포항 스틸러스라는 팀에서 활약을 할 선수들이 아니다. 이 팀의 미래 자원이다. 지금 당장이 아니더라도 성장의 시간을 잘 가지고 언젠간 팀의 핵심 선수로 활약할 선수들이다.

하지만 2군의 모든 선수들이 다 핵심 선수로 성장할 수 있을까? 정답은 당연히 'NO'이다.

그럼 지도자 입장에서 성장 가능성이 높아 보이는 선수들은 과연 지금 실력이 좋은 선수일까? 성장 가능성이 있는 선수를 고르는 나만의 방법이 있다.

'인정'

어린 선수지만 K-리그 1 명문 구단인 포항 스틸러스에 입단한 것은 그저 운이 아니다. 실력을 어느 정도 검증 받은 선수들이고, 가진 기술과 무기는 다 있다. 그런 재능 있는 선수들이 모인 장소에서 주축 선수가 되기 위해서는 월등한 무기가 있어야 한다. 월등한 무기가 없다면 정해진 시간 속에서 성장해야 한다. 지도자의 입장에서 선수를 보면 어떤 능력이 필요한지 보인다. 그래서 경기에 대해 피드백을 해주고 퍼포먼스가 향상되기 위해 처방을 해준다.

하지만 지도자가 이야기한다고 모든 선수들이 다 잘 받아들일까? 절대 아니다. 시대가 바뀌었다. 우리 MZ들은 합리적이지 않거나 개인의 영역을 누군가 침범하면 불편함을 호소한다. 선수들도 마찬가지다. 어린 선수들에게 피드백을 하면 돌아오는 답은 핑계이다.

예를 들어보자. A 선수와 B 선수가 있다.

먼저 A 선수이다.

"A야, 오늘 경기 하는 것 보니까 점프력이 부족하던데?"

"샘! 저 원래 점프력 좋아요. 그냥 오늘 몸이 조금 무거워서 그래요."

다음은 B 선수이다.

"B야, 오늘 경기 보니까 점프 훈련이 필요할 거 같은데?"

"아, 그래요. 샘? 어떤 식으로 훈련하면 좋을까요?"

여러분들도 보이지 않는가? 어떤 선수가 훗날 포항 스틸러스의 핵심 선수가 될지?

이처럼 인생도 마찬가지다. 내가 성공하고 성장하고 싶다면 인정이 필요하다. 내가 못하는 것을 확실히 인지하고 인정하고 변화해야 한다. 못한다고 부끄러워하지 마라. 정말 부끄러운 것은 핑계만 늘어 놓고 인정하지 않는 것이다. 에이스 MZ에게 필요한 또 하나의 능력이 '인정'임을 잊지 말자.

진짜 행복은 고통과 노력에서 싹튼다

성공이 곧 행복이다

우리는 왜 성공을 해야 할까? 이론적으로는 다양하게 해석할 수 있다.

1. 개인적 성취감 : 성공은 개인에게 성취감과 만족감을 준다. 자신의 목표를 달성하고 꿈을 이루는 과정에서 큰 기쁨을 느낄 수 있다.
2. 사회적 기여 : 성공한 사람들은 자신이 속한 사회에 긍정적인 영향을 미칠 수 있다. 이는 경제적 기여, 지식과 기술의 공유, 그리고 더 나은 사회를 만들기 위한 활동을 통해 이루어진다.

3. 자아실현 : 인간은 자아실현의 욕구를 가지고 있다. 자신이 가진 잠재력을 최대한 발휘하고, 자신의 역량을 다해 무언가를 이루는 것은 인간의 본성 중 하나이다.
4. 경제적 안정 : 성공은 종종 경제적 안정과 연결된다. 이는 더 나은 생활 수준을 유지하고 가족과 자신에게 더 나은 미래를 제공하는 데 도움을 준다.
5. 영향력과 리더십 : 성공한 사람들은 종종 다른 사람들에게 영감을 주고, 리더로서의 역할을 수행하며, 변화를 주도할 수 있는 위치에 서게 된다. 이는 더 나은 세상을 만들기 위한 긍정적인 변화를 이끌어 낼 수 있다.

사람들은 저마다의 이유로 성공하고 싶겠지만, 가장 보편적으로 분류해 보면 앞의 5가지 이유로 나누어 볼 수 있다.

그런데 간혹 내 친구들 중에 이런 말을 하는 경우가 있다. "나는 너처럼 열심히 살지 않아도 행복해." 또는, "나는 성공하지 않아도 평범한 삶에 만족해."라는 말이다.

나는 행복을 위해서 성공은 필수조건이 아니라고 생각한다. 하지만 성공을 하면 행복하다는 이야기는 꼭 해주고 싶다. 이 책을 쓰면서 가장 많이 생각하는 것 중 하나가 '많은 MZ세대들이 성공에 대한 욕망이 없는데 어떻게 그 욕망에 불씨를 지피고 할 수 있다는 희망과 동기를 부여할 수 있을까'에 대한 고민이다.

그런데 성공은 원해서 되는 게 아니라 노력의 디폴트 값이라고 생각한다. 성공은 운이 있어야 한다고 흔히들 말한다. 맞다. 운도 정말 중요하다. 하지만 그 운도 노력한 자에게 간다. 그저 성공을 위한 노력이 아니라 그냥 열심히 살다 보면 자연스럽게 성공이라는 것은 뒤따라 온다. 그럼 자연스럽게 행복을 느낀다.

고통이 곧 행복이다

인생을 살면서 '너무 행복하다' 혹은 '이게 행복이지'라는 느낌을 받은 적이 있는가? 인간은 누구나 한 번쯤 그 순간을 느낄 것이다.

생화학적으로 접근해보자. 우리가 행복이라는 것을 느끼는 순간에 가장 중요한 물질은 바로 '도파민'이다. 우리 뇌는 도파민을 느끼기 위해 움직인다. 도파민은 우리가 행복하다는 감정을 느끼게 해준다. 한번 중독되면 이것을 느끼기 위해 우리는 행복해지기 위한 행동을 하고 노력이라는 것을 하게 된다.

쉽게 생각해보자. 우리는 맛있는 것을 먹으면 행복을 느낀다. 그럼 우리는 맛있는 것을 먹기 위해 행동을 한다. 우리는 쇼핑을 하면서 도파민을 생성한다. 그럼 우리는 쇼핑을 하기 위해 행동을 한다. 마치 파블로프의 개와 마찬가지다. 모든 일은 행복을 위해 한다고 생각해도 무방하다.

그럼 우리가 행복을 느끼는 과정을 생각해보자. 나는 축구 경기를 보면서 선수들이 득점했을 때의 기분을 한 번씩 상상해 본다. 정말 행복하지 않을까? 수많은 관중 앞에서 득점을 하고 팬들 앞에서 포효를 하며 팀을 성공으로 이끌어 냈을 때의 기분은 정말 짜릿할 것 같다. 감히 상상도 안 될 정도이다.

그럼 그 짜릿함은 얼마나 갈까? 정말 길어야 그날 잠들기 전까지다. 다음 날이 되면 그냥 일상이 시작된다. 그 일상은 어떨까? 행복할까? 축구 선수는 그 잠깐의 포효와 행복을 위해 뼈를 깎는 훈련을 이겨낸다. 그것은 행복할까? 아니다. 고통스럽다. 그 고통이 크면 클수록 더 좋은 퍼포먼스를 낼 수 있다는 것을 선수들은 안다. 그렇기 때문에 버틸 수 있는 것이다. 경험이 말을 해주는 것이다. 내가 노력했을 때 성공했던 경험과 행복한 순간의 경험을 안다.

격투기 선수 메이웨더가 한 말이 기억에 남는다.

"일상이 지옥이고 링 위가 천국이다."

그는 일상의 훈련이 지옥 같으니 링 위에서 상대 선수와의 실전이 굉장히 편안하다고 표현한 것이다.

우리도 똑같다. 여러분들이 행복했던 순간은 언제였나? 원하는 고등학교, 대학교 입학 혹은 원하는 회사에 취업을 했을 때 당신은 행복하지 않았나? 그러면 그 과정들은 어땠나? 수시와 수능을 위해 노력했던 시간, 취업을 위해 받았던 압박은 고통이지 않았나? 고통의 순간이 당연히 더 길다. 우리 뇌는 매일 같이 맛있는 음식을 먹는다고 늘 행복 호르몬인 도파민을 분출하지 않는다. 새로운 자극을 받아야 한다. 고통이 있어야 행복이 있다. 이 간단한 논리를 이해하면 어떠한 고통도 즐길 수 있다.

앞서도 말했듯이, 나는 주 7일은 일한다. 24시간 중 일을 하는 시간은 12시간 이상이다. 오전 7시에 일어나서 잠들기 전인 23시까지 일한다. 오전 훈련, 오후 훈련, 틈틈이 쇼핑몰 업무, 저녁에는 글쓰기 등을 한다. 그럼 주말에 뭘 하냐고? 축구 경기는 보통 주말에 있다. 주말에는 경기를 한다. 경기가 끝나면 다음 경기 일정에 따라 휴식이 있다. 그 휴식에는 미리 잡아둔 사업 미팅 일정을 소화한다. 그리고 다시 복귀한다. 무한 반복이다. 안 고통스럽냐고? 고통스럽다. 내 친구들이 인생을 향유하는 것을 보면 부럽지 않냐고? 부럽다.

그런데 나는 느껴봤다. 뼈를 깎는 고통과 인내 뒤에는 진짜 행복이 있다는 것을 안다. 단순히 내가 맛있는 것을 먹으면서 느끼는 매슬로우 욕구의 1~3단계의 기본 욕구가 아닌, 4~5단계의 상위 욕구를 통해 느끼는 진짜 행복을 안다.

진짜 행복은 노력

가끔 아버지가 직원들 때문에 스트레스 받는 모습을 본다. 그리고 나에게 하소연을 한다.

"요즘 애들은 다르다."

근데 난 아버지의 이야기를 들으면서 드는 생각이 있다. 나도 요즘 애들인데? 아버지와 나의 관점에도 차이가 있다. 나는 아버지의 입장도 공감되지만 직원의 입장도 공감이 된다. 가끔 아버지는 직원들을 교육하는 것과 같이 나에게 강하게 이야기하시거나 조언을 하실 때가 있다. 그럼 나는 무슨 생각을 하는가? 나는 아버지의 인생과 경험을 옆에서 봤기 때문에 전달하려는 가르침의 핵심이 이해가 된다. 하지만 직원 분들이 이야기를 들으면 "우리 대표님 또 시작이다."와 같은 표현을 할 것 같다.

그러나 나는 아버지라서가 아닌, 한 인간으로서 내 아버지를 존경한다. 선천적으로 몸이 불편하시다. 아버지는 '흙수저'보다 더 못한 수저가 있다면 본인의 인생이라고 스스로를 표현하신다. 오로지 '노력'으로 자수성가했다.

우리는 영화를 볼 때도 스토리가 있는 영화를 좋아한다. 보통 반전이 있거나 스릴 있는 영화가 흥행한다.

'나는 잔잔한 영화를 좋아하는데?'

이런 취향을 지닌 사람도 있겠지만, 잔잔하면서 영화의 내용이 없다면 지루해서 잠이 올 것이다. 인생도 마찬가지다. 각자의 인생은 한 편의 영화다. 영화의 주인공은 본인이고 시청자는 신이다. 우리는 신을 재밌게 하기 위해 각자의 인생이라는 영화를 만들어가고 있는 것이다. 신은 절대 배신하지 않는다. 내가 죽어라 열심히 하면, 포기하지 않고 나의 길을 걸어가면 기회를 준다. 안 올 것 같다고? 이 생각을 하는 순간 당신은 에이스 MZ가 되는 것을 포기하는 것이다. 진짜 행복을 위해서 가장 먼저 필요한 것은 고통이고 노력이고 성공이다. 느껴봐라. 한 번의 성취감이 주는 행복은 너의 삶을 재밌게 만들어주는 가장 큰 요소이다.

실수와 실패를 돌아보는 데에 시간을 뺏기지 마라!

80%의 준비로 도전하고, 경험으로 완성하라!

내가 첫 프로 코치로 활동을 시작한 나이는 고작 27살이었다. 평균적으로 프로 코치는 오랜 선수 생활 끝에 은퇴를 하고 지도자 경험을 쌓다가 30대 중후반쯤 나이에 시작하게 된다. 아직까지도 프로 현장에서 나보다 나이가 어린 지도자를 보기는 매우 드물다. 지도자뿐만 아니라 대부분의 선수들은 나보다 나이가 많았다.

어려움이 없었을까? 프로는 냉정하다. 선수들은 영악하다. 특히나 선수들에게 힘든 것을 강조해야 하는 피지컬 코치를 이기기 위해 기싸움이 엄청나다. 자칫 가벼워 보이면 선수들에게 내가 원하는 훈련을 지도하기가 힘들고, 반대로 선수들을 존중하지 않으면 지도자이지만 경험도 능력도 없다는 평가를 받기 일쑤다.

그런 현장과 현실을 알기에 어린 나이에 프로 팀 지도자가 되는 것을 반대하는 선배들이 많았다. 한 번 들어가는 것은 기회와 운으로 가능하지만 프로에서 살아남는 것은 불가능하다고 했다. 한 마디로 내가 아직 부족하다는 피드백이었다.

그럼에도 불구하고 나는 어린 나이에 프로 지도자를 시작했다. 그 이유는 나를 가장 설레게 하는 단어 때문이었다.

'도전'

대부분의 지도자들은 나를 보고 신기해 한다. 어떻게 그렇게 프로에서 살아남고 있는지 궁금해 한다.

대부분의 사람들은 말한다.

"나는 아직 준비가 덜 됐어."

그럼 나는 되묻는다.

"그 준비가 언제 다 되는데?"

나는 세상에 완벽한 준비 따위는 없다고 생각한다. 나는 지금 현재 많은 지도자들이 부러워 하는 K-리그 1 포항 스틸러스 피지컬 코치지만, 아직까지도 100%가 되지 못했다. 오히려 프로에 와서 더 많이 배워가는 중이라고 생각한다. 인생은 배움의 연속이다. 주변에 많은 피지컬 코치 지망생 분들이 다양한 매체를 통해 나에게 질문을 한다.

'프로 팀에 들어가기 위해 어떻게 준비를 해야 할까요. 동민 코치님?'

일단 도전하고 경험하라고 답변한다. 매일 공부하고 준비해도 현장에 나오면 다르다. 물론 어느 정도의 준비도 필요하다. 아무런 지식이 없는데 시작을 할 수는 없다. 하지만 나에게 묻는 대부분의 지도자들은 지식이 있다. 그저 시작하기에 겁이 많고 눈이 높아서 그렇다. 내가 처음 지도자를 시작한 팀은 세미 프로 팀이지만 보수는 생활비 수준에 가까웠다. 하지만 그 시작과 도전이 지금의 나를 만들었다. 내가 만약 겁 먹고 안산 그리너스 FC로 가지 않았다면 지금의 나는 절대 없을 것이다. 100% 준비가 되어 시작하는 것보다 80%의 준비로 도전하고 경험을 하는 것이 때로는 더 중요하다.

변화에 설레는 에이스 MZ의 심장

우리가 흔하게 알고 있는 MZ들의 큰 특징 중 하나는 변화에 대한 적응이다. 익숙한 것을 싫어한다. 근데 이러한 특징을 모든 MZ들이 가지고 있는 것은 아니다. 능력이 있는 MZ들에게

만 볼 수 있는 특징이다. 대부분의 MZ들은 익숙한 것을 좋아하고 변화를 무서워한다. 그렇기 때문에 사업을 시작하는 부류의 비중보다 공무원에 도전하는 부류의 비중이 더 크다.

하지만 우리가 진짜 에이스 MZ가 되고 싶다면 변화를 즐겨야 한다.

'네카라쿠배당토'라는 말을 들어봤는가? 네이버, 카카오, 라인, 쿠팡, 배달의 민족, 당근 마켓, 토스의 앞 글자를 따서 만든 신조어이다. 진짜 능력 있는 MZ 에이스들은 1년에 하나씩 각 회사를 돌아다니며 이직을 한다고 한다. 이 말을 듣고 나는 생각을 했다. 나도 축구계에서 그런 존재가 되고 싶다. 능력을 인정 받고 내가 원하는 빅 클럽을 경험하면 정말 멋지지 않을까 싶었다.

그러나 대부분의 사람들은 그렇게 생각하지 않는다. 한 가지에 만족을 하고 자신의 그릇과 꿈을 한정 지어 버린다. 왜? 변화가 두렵기 때문이다. 본인에 대한 확신이 없다.

안산 그리너스 FC에서 피지컬 코치를 하던 시절 나와 함께 프로 지도자의 첫 해를 보내신 분이 계신다. 포항 스틸러스의 레전드 골키퍼 출신이자 현 수원 삼성 블루윙즈의 신화용 골키퍼 코치이다. 신화용 코치가 300경기 기념으로 팬들께 전달한 팔찌 문구가 굉장히 감명 깊었다.

"걱정하지 말고 설레어라"

우리는 변화에 대해 두려움과 걱정이 아닌, 설렘을 가지고 받아들여야 한다. 우리를 성장시키는 것은 익숙함이 아니라 경험과 도전이다. 명심해라. 변화가 없으면 미래가 없다.

성공의 답은 실패

서두에 말했듯이 완벽한 사람은 존재하지 않는다. 누구나 실수를 하고 반복된 연습 끝에 무언가를 달성한다. 아기가 뒤집기를 할 때, 서는 시도를 할 때, 걷기를 할 때와 같이 인간은 시작부터 자연스럽게 실패를 달고 산다. 하지만 성인이 되면 다들 그 실패를 두려워한다.

'왜? 실패하지 않으면 성공할 수 없는 게 진리인데?'

나는 절대 완벽하지 않다. 현재 포항 스틸러스 피지컬 코치, 아이웨어 브랜드 '루크아이' 대표, 책 2권 출간, 세종대학교 대학원 석사 등 많은 일을 완벽하게 소화하는 사람 같지만, 사실 실수 투성이다. 그럼에도 불구하고 왜 내가 일을 벌이는 줄 아는가? 실패하기 위함이다. 그 실패를 밑거름으로 삼아 성공하기 위해서이다. 100% 확신보다는 80%의 확신으로 그냥 도전한다. 그리고 나머지 20%는 경험하면서 100%로 만들어간다.

고 정주영 회장이 말했던 "해보기나 했어?"와 같은 말을 스스로에게 하지 않기 위함이다.

나도 실수를 하면 스트레스를 받는다. 내가 최근에 한 큰 실수가 생각 난다. 사업을 시작하면서 처음 따낸 프로젝트가 K-리그 명문 구단 수원삼성 블루윙즈 스폰서십이다. 스폰서십의 내용 중 수원삼성 블루윙즈와 루크아이 콜라보레이션 안경 출시가 있었다. 수원 관계자와 소통을 하면서 디자인과 방향성을 잡아가고 있었다. 그런데 어느 날 공장에 요청을 해 둔 콜라보 안경 케이스가 제작이 완료되어 완성된 케이스 사진을 수원 관계자에게 전달했다. 그런데 갑자기 수원 관계자에게 전화가 오고 그의 목소리는 굉장히 차가웠다.

"대표님, 이 케이스 수정 가능할까요? 저희, 이 케이스 사용 못 합니다."

당황스러웠다. 나는 케이스가 너무 예쁘게 잘 만들어져서 기뻐했는데, 오히려 수원은 사용을 하지 못 한다고 했기 때문이다. 케이스의 문제는 바로 수원 삼성 블루윙즈의 영어 표기법 오류였다. 'Suwon Samsung Bluewings'가 원래의 표기인데 'Suwon Samsung Blue Wings'로 표기를 했다. 명확한 내 실수였다. 공장 오더를 넣을 때 더블 체크를 깜빡했던 것이다. 금액으로 따지면 5백만 원 상당의 손실을 봤다. 뿐만 아니라 출시

예정일마저도 지연된 것이다. 사업 초기에 5백만 원의 손실이 어느 정도의 부담인지 사업을 해본 사람이라면 너무나도 잘 알 것이고, 직장인이라면 한 달 월급, 어쩌면 두 달 월급이 사라진 셈이라는 생각이 들 것이다.

하지만 어쩌겠는가? 이미 일은 벌어졌고 나는 실수를 한 것이다. 나는 재빠르게 사과하고 새로이 케이스 제작을 공장에 요청한 다음, 출시 일정과 방안들을 준비하여 수원 측에 전달하고 대처했다.

그럼 이렇게 해서 첫 프로젝트를 잘 마무리했을까? 시장 조사가 미흡하여 한정판이지만 완판을 하지 못했다. 계획했던 대로 수익이 나지 않았다. 그래도 실망하지 않고 첫 번째 프로젝트를 발판으로 삼아 두 번째 프로젝트를 기획하여 K-리그 1의 돌풍 광주 FC와 광주 FC 이정효 감독님께 콜라보레이션을 제안하고 성공적으로 마무리했다.

내가 본업으로 삼고 있는 축구를 보며, 나는 이 간단한 인생의 이론을 깨달았다. 축구는 실수 경기라고 할 정도로 경기 중에 실수를 엄청나게 많이 한다. 실수를 안 할 수 없다. 그런데 정말 잘하는 선수란 실수에 아랑곳하지 않고 다시 도전하는 선수이다. 축구는 90분 동안 진행된다. 실수 한 번 했다고 좌절에 빠져 있으면 상대 선수들이 내가 좌절에서 회복될 때까지 가만히 기다려 주지 않는다.

이미 지나간 것은 지나간 것이다. 실수와 실패는 빠르게 인정한 뒤 정신을 다잡고 올바른 방향성을 찾은 다음 다시 일을 진행하는 것이 우리가 갖춰야 할 능력이다. 실수했다고, 실패했다고 좌절하고 시간을 뺏기는 것만큼 바보 같은 일은 없을 것이다. 우리 에이스 MZ들은 실수와 실패를 당연한 과정이라 받아들이고 도전하는 강인한 멘탈이 필요하다.

그냥 좀 해라, 일단 해봐라

효율적으로 뛰는 것보다 많이 뛰는 게 중요하다

축구선수가 한 경기당 평균적으로 뛰는 거리를 알고 있는가? 평균 9~13km이다. 이는 포지션별로 요구하는 역할이나 전술적인 상황에 따라 변화할 수 있다.

많은 피지컬 코치들은 이렇게 이야기한다.

"많이 뛰는 것이 중요한 것이 아니라 효과적으로 뛰는 것이 중요하다."

근데 나는 반대로 이야기한다.

"효과적으로 뛰는 것이 중요한 것이 아니라 많이 뛰는 것이 중요하다."

1970년대 영국 축구를 본 적이 있는가? 그 시절 축구를 보면 현대 축구보다 느리고 재미없게 느낄 수 있다. 1970년대 축구 경기 논문을 찾아보면 선수가 뛴 거리가 경기당 평균 8.9km이다. 이는 현대 축구의 평균 수치와 2km 이상의 차이를 보이고 있다. 30년 동안 평균 2km의 성장을 보였다.

내가 여기서 말하고 싶은 것이 무엇인지 알겠는가? 나는 어떻게 해야 축구가 더 발전하고 성장할 수 있을지에 대한 고민을 늘 하곤 한다. 대부분의 지도자들은 운동 선수의 신체적 요소는 인간의 한계에 도달했다고 표현한다. 그리고 선수들의 신체적 능력치는 더 이상 성장하기 힘들다고 단정 지어 버린다.

그럼 돌이켜보자. 1970년대의 지도자들은 그런 생각을 하지 않았을까? 그때의 대부분 지도자들은 축구 선수들이 많이 뛰고 있다고 생각을 했을 것이다. 그렇다. 내가 말하고 싶은 것은 한계를 정하지 말라는 것이다. 1970년대 축구 선수들은 지금 자신의 능력이 인간의 100% 능력이라 생각하며 축구를 했을 것이다. 하지만 시간이 지나면서 점차적으로 자연스럽게 그 한계를 극복하고, 더 많이 뛰고 더 재밌는 축구를 하게 되었다.

현대 축구에서 박지성 선수와 같이 13km를 뛰면 엄청난 수준의 활동량이라 표현을 한다. 하지만 우리가 생각해야 할 것은 박지성 선수도 10년 전의 선수라는 점이다. 이제는 13km로 만족하는 것이 아닌, 14km, 아니 그 이상인 15km를 뛰는 선수가 되거나 그런 선수로 만들어야 한다는 것이다.

내가 피지컬 코치로 활동하면서 월드컵이라는 무대, 금전적인 부분보다 더 달성하고 싶은 것이 있다면 바로 '한계를 극복한 선수를 만들어 내는 것'이다. 대부분의 선수들은 13km를 뛰면 "우와, 진짜 많이 뛰네"라고 한다. 하지만. 나를 기점으로 13km가 평균이 되고 최대 15km를 90분 동안 뛰는 선수를 만들어 내는 것이 피지컬 코치로서 내 직업에 대한 나의 사명감이다.

실제로 내 선수 중에 이러한 선수가 있다. 포항 스틸러스의 김정현 선수이다. 김정현 선수는 아직 데뷔도 하지 못한 20세 선수이다. 하지만 그 선수가 연습 경기를 뛰었을 때 GPS 수치를 추출해보면 14km 이상을 뛴다. 14km를 뛴 것은 효과적으로 뛰지 못한 것이라 몇몇 지도자들은 말한다. 그럼에도 나는 이야기한다. 더 뛰어야 한다고. 아직 데뷔도 못한 선수가 14km를 뛰고 경험이 생겨 효율적인 움직임과 기술을 갖추면 진짜 한계를 뛰어 넘는 선수가 될 것이고 세계가 놀랄 것이다.

지도자들이 많이 뛰는 것보다 효율적으로 뛰는 것을 강조하면 선수들은 점차적으로 많이 뛰지 않게 된다. 인간의 본성 자체가 힘든 것보다는 쉬운 것과 효율적인 것을 찾기 때문이다.

그렇기 때문에 나는 항상 강조한다.

“12km를 효율적으로 뛰었다고 만족하지 마라. 15km를 위해 더 많이 뛰려고 노력해라”

나의 한계는 여기밖에 안돼

현대 축구는 과학에 의존한다. 효율적인 훈련과 효율적인 몸 관리를 선호한다. 나 역시 효율적으로 일을 하고 효율적으로 인생을 살아야 된다고 생각한다. 하지만 우리 인생의 효율에는 함정이 존재한다.

인간은 스스로 타협하는 것을 좋아한다. 1시간만 공부하고 피곤한 나는 말한다.

‘나는 오늘 최선을 다 했어. 더 이상 공부하는 것은 비효율적이야.’

자신과 타협을 한다. 이 정도만 해도 충분하다고 느끼기 때문이다. 남들이 정하는 것도 아니다. 내 한계를 나 스스로가 정해버리고 극복하려고 하지 않는다. 왜? 극복은 힘드니까.

내가 처음 공부를 시작한 시기가 대학교 1학년이다. 고등학교 때까지 수업이라면 잠을 자는 시간과 마찬가지였다. 항상 패딩을 챙겨 베개와 같이 활용해 휴식하는 시간에 가까웠다. 그런데 갑자기 공부를 한다고 하니 할 수 있겠는가? 습관적으로 책상에 앉아서 공부를 하겠다고 하면 꾸벅꾸벅 졸기만 했다.

그래서 내가 한 선택은 질보다 양이었다. 나는 축구를 시작할 때 재능 있는 선수가 아니었다. 때문에 엄청나게 노력했다. 중학교 시절에는 새벽, 오전, 오후, 저녁 하루에 4번씩 훈련을 빠짐 없이 했다. 고등학교 때는 새벽, 오후, 저녁, 하루에 3번씩 훈련을 했다. 이렇게 해서 재능 있는 선수들을 따라갔다. 이 경험을 나는 공부에도 똑같이 적용했다.

첫 번째, 죽이 되든 밥이 되든 책상에 최대한 오래 앉아 있는 연습부터 했다. 그리고 남들보다 준비하는 시간을 길게 가졌다. 시험 기간은 보통 중간고사는 4월 기말고사는 6월이다. 그럼 대부분의 대학생은 1~2주 전부터 시험 준비를 한다. 하지만 나는 1달 전부터 시험 준비를 했다. 졸리면 그냥 책상에서 자고 내 책상에는 항상 커피를 쌓아 뒀다. 그래야 운동부 학생이 아닌 일반 학생들의 습득력을 따라 갈 수 있기 때문이다.

두 번째, 나에게 공부 요령 따위는 없었다. 그래서 그냥 책을 무작정 외웠다. 교수님께서 시험 범위를 알려주신다. 그럼 그 범위를 다 외운다. 내가 1학년 1학기 때 들은 6개의 수업의 시험 범위를 중간고사와 기말고사 때 글씨 토씨 하나 안 틀리고 다 외워서 시험지에 적었다. 생활체육론이라는 전공 수업이 아직도 기억난다. 다들 전공 서적의 두께를 잘 알 것이다. 그 두께의 30페이지가 넘는 분량을 전부 외웠다.

그렇게 내 1학년 1학기 성적은 학점 4.25를 받았다. 부산외국어대학교에서 2학년때까지 받은 종합 학점은 4.28이다. 세종대학교로 편입 후 졸업 학점은 4.38이다. 내 대학교 졸업장의 최우수라는 문구가 고등학교 시절 우승했을 때보다 더 큰 성취감을 나에게 줬다.

한계를 극복하는 방법

나는 아침마다 유튜브에서 동기부여 관련 영상을 틀어 놓는다. 어느 날 너무 귀에 꽂히는 단어가 있었다.

"AND THEN SOME"

미국의 성공한 사람들이 한 말이라고 한다.

"그리고 조금 더"

내가 말하고 싶은 것이 이거다. 일단 해라. 그냥 좀 해라. 그리고 조금 더 해라. '나는 운동만 했으니까 공부를 못 할거야?' 단정 짓지 마라.

'나는 이렇게 내향적이니까 활동적인 것은 못 해.'

'나는 돈이 없어서 사업은 못 할거야.'

'나는 직장이 있어서 다른 일을 하는 것은 상상도 못 해.'

언제까지 핑계만 대다가 끝낼 건가? 일단 해봐라. 자신의 한계를 남들도 아닌 나 스스로 정하지 마라. 나 스스로 정하지 않으면 무수히 많은 꿈을 꿀 수 있고, 그 꿈을 이루기 위해 실천하게 된다.

내 직업이 어떻게 4개가 됐는지 아는가? 나는 절대 안 된다는 생각을 하지 않는다. 한계는 그저 핑계라고 생각한다.

나는 축구가 좋았다.

그래서 **축구 코치**가 되었다.

나는 돈을 벌고 싶어서 **사업**을 시작했다.

나는 글 쓰는 것을 좋아해서 **작가**가 되었다.

나는 공부가 좋았다. 그래서 **대학원생**이 되었다.

하나에만 몰두해야 전문가가 될 수 있다고?

그냥 핑계일 뿐이다. 나는 네 가지를 동시에 하면서도 K-리그 1 포항 스틸러스에서 피지컬 코치로 일을 하며 2023 FA컵 우승과 2023 K-리그 준우승을 달성했다. 그리고 책을 2권 출간하였고, 브랜드 '루크아이'를 런칭하여 월 평균 3천만 원 이상의 매출을 꾸준히 내고 있다. 석사과정도 마지막 졸업 논문을 앞두고 있다. 어떻게 할 수 있냐고? 답은 정해져 있다. 그냥 해라. 그냥 좀 해라. 그리고 조금 더 해라.

주변에 많은 후배와 친구들이 묻는다.

"형은 어떻게 그렇게 할 수 있어요?"

나는 질문 자체가 웃기다. 그 질문을 하는 후배와 친구들도 답을 알고 있다. 그냥 하면 된다. 이것이 진짜 에이스 MZ가 가져야 할 노력이라는 능력이다.

온전히 나를 위한 삶, 내 것에 미친 삶을 살아라

방향성을 잃은 세대

인간은 혁명을 통해 변화를 만들어간다. 고조선 시대의 삶과 삼국 시대의 삶은 다르다. 조선 시대의 삶과 대한민국의 삶은 다르다. 가까운 기성세대와 MZ세대만 봐도 명확하게 다르다고 표현할 수 있다.

하지만 우리가 알아야 할 것이 있다. 시대가 아무리 변해도, 혁명으로 문화가 변화하더라도 성공에는 정답이 있다. 인생은 는 주관적이라 정답이 없다고 할 수 있지만 성공에는 정답이 있다.

포항 스틸러스의 박태하 감독님께서 2군 선수들에게 했던 말이 기억에 남는다.

"나는 너희가 세대가 우리 세대와 다른 걸 이해해. 그래서 너희 사생활은 절대 알고 싶지도, 궁금하지도 않아. 하지만 아무리 세대가 다르다고 해도 너희가 서서 뛰는 이 운동장에서 만큼은 진리는 변하지 않아."

아무리 자기 표현과 주장, 그리고 이기적인 성향이 강해졌더라도 운동장에서의 태도와 운동 선수로서 성공의 진리는 변하지 않았다는 것이다. 땀을 흘린 만큼 성장하고 축구 선수로서 운동장에 딱 발을 딛는 순간부터는 최선을 다해야 한다는 것이다.

이 말은 운동 선수에게만 해당될까? 절대 아니다. 성공한 사람들의 공통점을 찾다 보면 단 하나의 단어에 도달하게 된다.

'노력'

우리 MZ세대가 아무리 자유분방하더라도 내 삶에 대해서는 내 일에 대해서는 누구보다 진지해야 하고 노력하는 모습을 보여야 한다. 세상이 재밌어지고 다양해졌다고 진리를 소홀히 하지 말라. 즐기지 말라는 소리가 아니다. 당신의 인생에 최선을 다하라는 소리다.

정답을 찾는 방법

인간의 삶은 한정되어 있다. 우리에게 주어진 시간은 똑같기 때문에 열심히 살아야 된다고 후배들에게 이야기하면 다들 자주 하는 대답이 있다.

“형, 열심히 살 준비는 됐는데, 뭘 해야 될지 모르겠어요.”

의욕이 없다고 한다. 나는 운 좋게 내가 정말 좋아하는 축구라는 매체를 찾게 되었고 내 인생의 반을 축구에 몰두했다. 하지만 더 깊게 들어가보자. 평균 100세 시대를 살고 있는 우리는 왜 태어나고 삶을 살아가고 있는지 고민을 해본 적이 있는가?

나는 오래 전부터 운 좋게도 생각하는 방법을 배웠다. 우리 아버지는 나를 어릴 적부터 절에 데리고 다니셨다. 그리고 8살짜리 어린 나에게 말씀을 하셨다.

“지금부터 부처님과 대화를 해보거라.”

이 말을 여러분들이 듣는다면 어떤 생각을 할 것인가?

“네? 부처님이랑 어떻게 대화를 해요?”

나도 물론 그렇게 생각했지만, 가부장적인 아버지가 무서워서 가부좌 자세를 취하고 부처님과 대화하는 척했다. 지금 주변에 어린 아이를 보면 전자기기와 함께 있을 때를 제외하고는 얌전히 있는 아이를 찾기 힘들다. 8세 아이에게 장난끼와 활동성은 필수 요소 중 하나이다. 그런 8세의 나에게 2시간 이상 명상을 시킨 것을 지금은 아버지께 농담 삼아 아동학대라고 장난치기도 한다.

처음에 나는 10분은 대화하는 척을 했다. 그리고 아버지를 찾아간다.

"아버지, 부처님이랑 대화하고 왔어요."

그럼 아버지는 말씀하신다.

"뭐라고 하시디?"

나는 여러 가지 이야기를 한다.

"부처님이 착하게 살라고 하셔요."

아버지는 '다시'라는 말과 함께 나를 돌려보낸다. 그리고 30분쯤 지나면 또 아버지께 간다. 그리고 다시 부처님과 대화를 한다. 그렇게 2시간 이상을 부처님과 대화하고 아버지는 집에 가자고 하신다. 정말 내가 부처님과 대화를 했을까? 아니다. 나는 나와 대화를 한 것이다.

2시간 동안 스스로 대화해 본 적이 있는가? 정말 꼬리에 꼬리를 물고 많은 생각을 하게 된다.

많은 매체에서 말한다.

"젊은이들이여, 경험해라"

그럼 내가 묻겠다. 그렇게 매번 경험만 하고 찾아다니다가 진짜 본인이 하고 싶어하는 것을 찾은 사람이 주변에 있는가? 누가 있는가? 매번 여행 다니다가 진짜 자기를 찾은 사람이 몇이나 되는가? 인간은 여행이 곧 경험이라는 핑계와 명분으로 본인의 편안함을 합리화한다. 그런데 나 자신은 저 멀리 북극에 있는 것이 아니다. 오로라를 보면 갑자기 영감이 떠오르는 것이 아니다. 정답은 나 자신 안에 존재한다.

아직도 우리 집의 방 한 칸에는 부처님 불상이 있다. 아버지는 아침마다 불경을 외우면서 명상을 하신다. 정말 종교적인 행위일까? 샤머니즘 중 하나일까? 아니다. 아버지는 아침마다 부처님과 대화를 하신다. 아니 스스로와 대화를 한다. 사업을 35년 동안 하시면서 살아남기 위해, 치열하게 살기 위해 자기 자신과 이야기를 하며 동기부여를 하고 방향성을 잡기 위함이다. 그리고 나에게도 스스로 대화하는 습관을 물려주고 싶었던 것이다. 그렇게 자신과 대화를 하며 스스로 존재의 이유를 증명하는 것이 인생이다.

내 것, 내 삶에 미쳐라

크나큰 비밀을 하나 말해주겠다. 내 목표는 프로 구단 피지컬 코치가 되는 것이 아니었다. 물론 피지컬 코치라는 직업이 머리에 있긴 했다. 다만 주도적으로 삶을 살아가는 나 자신이 너무 좋았고 그저 매일을 최선을 다했다. 돈을 많이 버는 것도 아닌데 하루가 끝나면 매우 뿌듯했다. 오전에는 학생으로 대학교 수업을 가고, 오후에는 생계를 위해 중학교 스포츠 강사, 저녁에는 축구 선수로 팀 훈련을 했다. 주말에는 선수와 코치를 위해 주말리그를 뛰고, 리그가 끝나고 남은 시간은 취업을 위해 대외활동을 다닌다. 시즌이 끝나고 방학이 되면 또 나는 대외활동과 자격증을 따기 위해 학원을 다닌다. 1년에 쉬는 날은 없었다. 그래도 행복했다. 내 삶의 주인이 나였기 때문이다.

그러다가 대학 졸업과 동시에 2022년 K-리그 2 안산 그리너스 FC 프로축구단에 피지컬 코치로 입단하게 되었고, 시즌 마지막에는 U-23 축구 국가대표팀 피지컬 코치를 겸임하며 한 해를 잘 마무리했다. 그리고 그 다음 시즌에 K-리그 1 포항 스틸러스 프로축구단에 피지컬 코치로 이적하게 되었고, 2023 FA컵 우승과 2023 K-리그 1 준우승이라는 성적을 만들었다. 현재 2024년에는 포항 스틸러스와 재계약을 하고 활동 중이다.

2022년부터 2023년까지는 축구 코치로 활동하면서 전력을 다했다. 좋은 성과도 냈다. 하지만 내 에너지를 100퍼센트 쏟아붓는 느낌을 받지는 못했다. 내가 피지컬 코치로서 일을 대충했다는 뜻은 아니다. 그런데 오히려 대학교 시절이 더 충만한 삶이었다는 느낌이 들었다. 그때는 남을 위한 삶이 아닌, 온전히 나를 위한 삶이었다. 왜 회사원들이 최선을 다하지 못하는지 이해는 한다. 그저 남을 위한 일이기에 적당히 할 수밖에 없는 시스템이다.

그리고 2024년 포항 스틸러스에서 피지컬 코치를 하면서 아이웨어 '루크아이'를 런칭했다. 이제야 내 충만함이 채워졌다. 하루 24시간 중 12시간 이상 일을 하게 되어도 즐겁다. 주 7일을 일해도 지치지 않는다. 가끔 지인들이 그런다.

"손 코치는 몸이 두 개야?"

난 두 명 이상의 삶을 살고 있다. 내가 축구에 미친 것이 아니라 내 삶에 미친 것이다. 그냥 매일의 나 자신에게 미쳐야 한다. 에이스 MZ들은 반드시 느끼고 있을 것이다. 우리의 능력은 남을 위함이 아니다. 오로지 내 삶의 충만함을 위해 최선을 다할 수 있게 '내 것'을 해야 한다.

에이스 MZ, 더 계획적이고 더 노력해야 한다

나는 파워 'J'

대한민국에서 남녀노소 불문하고 첫 만남에서 자주 언급되는 주제가 있다. 바로 'MBTI'이다. 대한민국의 대부분 사람들은 이 'MBTI' 테스트를 과하게 맹신하고 있다. 심지어 이성을 소개 받거나 소개팅 자리에서도 제일 먼저 묻는 것 중 하나일 정도이다. 최근 축구계에서도 MBTI에 따른 선수 유형을 연구할 정도로 이슈가 되고 있다. TV 쇼에서도 MBTI를 주제로 재미난 패러디를 한 영상들도 많이 나타나고 있다. MBTI 테스트가 나타나기 전 우리는 혈액형 혹은 별자리로 사람의 성향을 알아보곤 했다. 이처럼 한국인은 사람을 알기 전에 간단한 정보로 성향을 파악하고 싶어하는 경향이 있다.

그렇다면 MBTI 테스트는 뭘까? 여러 문항을 통해 나온 결과로 사람의 성향을 8가지로 나누어서 정리한 학문적인 테스트이다. 맹신할 필요는 없지만 참고해서 나쁠 것은 없다고 생각한다. 나는 크게 관심이 없다가 최근에 테스트를 해봤다. 주변에 친구들이 "너는 누가 봐도 'T'야"라는 말을 많이 해서, 궁금해서 해봤다. 결과는 'INTJ'이다. 근데 묘하게 비슷한 부분이 많았다. 또 계획적인 'J'인간이라는 표현이 재밌었다.

내가 20대 초반에 고민했던 화두가 하나 있었다.

'현재를 살아가며 만들어가는 미래'

'미래를 생각하며 만들어가는 현재'

미래를 꿈꾸는 것이 중요한지 현실에 충실한지의 차이이다. 나는 굉장히 계획적이었다. 고등학교 때 운동부였기 때문에 일반 정규 교육을 따라가는 것은 쉽지 않았다. 대신 나는 독서를 하거나 내 미래를 시기별로 나누어 글을 적었다. 내 계획은 100살까지 있었다. 그리고 굉장히 디테일했다. 각 연도별로 살고 싶은 곳, 현금 자산, 직장, 인지도 등 쓸 수 있는 것은 다 적었다.

그러던 중 대학교 2학년 때 〈라틴 아메리카의 이해〉라는 수업을 들었다. 그때 콜럼버스라는 인물을 아주 깊게 팠었다. 콜럼버스는 지구는 둥글기에 서쪽으로 항해를 하다 보면 인도에 도착할 수 있다는 믿음으로 인도를 찾기 위해 떠났다. 그때 당시를 생각해보자. 인도를 찾기 위해서 얼마나 많은 계획과 변수를 고민했을까? 상상 이상의 준비를 했을 것이다. 또 인도를 찾기 위해 최선을 다했을 것이다. 그럼에도 불구하고 콜럼버스는 인도에 도착하지 못 했다. 인도에 도착했다고 착각을 했다. 대신 그는 더 큰 업적을 이루었다.

'신대륙 발견'

콜럼버스를 보고 깨달았다. 내가 내린 결론을 큰 꿈을 꾸며 계획을 하고 또 그 꿈을 위해 최선을 다하면 그 꿈을 이룰 수 없을지언정 더 큰 결과를 만들어낼 수 있을 것이다.

인생은 내가 계획한대로 흘러갈까? 물론 흘러갈 수도 있지만 수많은 변수가 있기 때문에 '1+1=2'라고 확신하기 힘들다. 그럼 우리는 왜 계획을 해야 하지? 그럼에도 불구하고 큰 플랜이 있어야 한다. 내 주변에 대부분의 친구들은 이야기한다.

'어차피 계획해도 계획대로 되지 않아.'

나는 이 말을 정말 싫어한다. 인생은 확률 싸움인데 그 확률을 떨어뜨리는 짓을 할 수 없다. 아무것도 하지 않으면 아무것도 일어나지 않는다.

포항 스틸러스의 박태하 감독님께서 선수들에게 가끔씩 하시는 농담이 있다.

"힘이 들어야 힘이 생겨"

인생은 1을 줘야 적어도 1이 생긴다. 0을 주는데 1이 생기는 상황은 존재하지 않는다. 어차피 계획대로 되지 않는다고 계획하지도 않고 실행하는 것은 0을 넣고서 1이 나오기를 바라는 것과 같다.

무한정 에너지

내가 '파워 J'라고 모든 일을 계획적으로 하지는 않는다. 그래서 나는 가끔 의문이었다.

'내가 J가 맞나?'

그러던 어느 날 SNS에서 J에도 2가지 유형이 있다는 글을 봤다. 1번 유형은 진짜 계획형 'J'이고 2번 유형은 절제형 'J'라고 한다.

나는 어떤 것을 계획하고 선택하는 것에 있어서 매우 많은 에너지를 뺏긴다. 사업을 하면서 가끔 건망증이 아닌가 싶을 정도로 일을 깜빡할 때가 있다. 그럴 때마다 느낀다. 주 7일 일할 열정은 무한정이지만 내 뇌가 감당할 수 있는 용량은 정해졌다. 그렇기 때문에 나는 어떤 일을 이루기 위한 계획보다는 절제하기 위한 계획을 많이 짠다. 이루기 위한 에너지보다 절제하기 위한 에너지가 적게 사용되기 때문이다.

그래서 내가 사업을 시작하고 생긴 습관이 있다. 옷을 고르지 않는다. 음식을 뭐 먹을지 고민하지 않는다. 어떤 장소에 갈지 고르지 않는다. 인생을 살면서 사소한 선택을 안 하는 습관이 생겼다. 왜? 그 사소한 선택을 하고 실천하기 위해서 생각보다 많은 에너지를 쓴다. 나는 그 에너지마저도 큰 일을 위해서 아낀다. 왜 스티븐 잡스가 항상 흰색 티에 청바지를 고집하는지 이해가 됐다. 나도 나만의 통일된 패션을 만들어 봐야겠다.

인생은 확률 싸움

인생은 한치 앞을 모른다는 것에는 100% 공감을 한다. 왜 많은 사람들이 스포츠에 열광하는 줄 아는가? 여러가지 이유가 있겠지만, 가장 큰 이유는 '스포츠의 변측성'이다. 스포츠는 예측하지 못한다. 가끔은 축구에서 최하위팀이 최상위팀을 이기기도 한다. 전략과 전술로 경기를 읽고 준비하고 상황에 맞게 대응한다. 어떻게 될지 모르는데 왜 하는가? 확률을 높이기 위해서다.

우리 인생도 마찬가지다. 누가 봐도 힘든 상황이지만 성공을 위해서, 살아가기 위한 확률을 높이기 위해 도전하고 극복해야 한다.

나는 1년에 한 번씩 꼭 사주를 보러 간다. 그리고 큰 일을 하기 전에도 꼭 사주를 보러 간다. 그곳이 잘 보는 곳이든 못 보는 곳이든 상관 없다. 안 좋은 소리를 들으면 어떡할 거냐고? 내 방식은 간단하다. 내 계획을 말한다. 그리고 내 사주풀이에서 좋게 나오면 확신을 가지고 내 계획을 진행한다. 내 사주풀이에서 좋지 않게 나오면 더 조심스럽고 꼼꼼하게 계획을 해서 진행한다. 한 마디로 '한다'가 디폴트 값이다. 다만 확률과 확신을 가지기 위한 행위이다.

갈수록 성공하기 힘든 이 대한민국 사회 속에 '포기'가 아니라, '더 계획적이고 더 노력해야 한다'가 맞다. 시대가 변했다고 진리가 변하지 않는다. 다만 노력이라는 키워드는 가지고 가고 더 계획하는 시대가 열렸을 뿐이다. 에이스 MZ에게 노력은 당연한 것이고 계획하는 능력이 필요하다.

2장

자기 주도적 인생을 살기 위한 에이스 MZ의 마인드셋

"Poco a poco sin prisa, pero sin pausa"

"조금씩 조금씩 서두르지 말고 멈추지도 말고"

운동이란
인생의 축소판이다

하는 만큼 돌아오는 법칙

나는 운동을 할 때나 시킬 때 지키는 나만의 법칙이 있다.

'하는 만큼 돌아온다.'

가끔 주변에 지인들이 물어본다.

'코치님, 빨리 살 빼는 팁 없을까요?'

그럼 나는 항상 똑같은 대답을 한다.

'운동에 속성은 없어요.'

운동은 간단하다. 하는 만큼 돌아온다. 절대 의심할 필요가 없다. 내가 운동을 많이 하는데 왜 살이 안 빠진다는 생각이 들면 당신의 훈련량 또는 식습관을 다시 돌이켜보면 정답이 보인다.

많은 유소년 선수들이 나에게 묻는다.

'샘, 하체 웨이트를 일주일에 몇 번 하는 게 좋아요?

그럼 나는 대답한다.

'매일'

물론 효과적인 훈련법이 있다. 실험을 기반으로 논문에서 증명된 훈련을 하는 것이 리스크가 적다. 그렇기 때문에 우리는 운동의 효과적임을 따진다. 나도 피지컬 코치로서 선수들에게 어떻게 훈련을 시켜야 효율적으로, 부상 없이, 효과적으로 퍼포먼스를 낼 수 있는지 고민을 한다. 그런데 이것은 프로일 경우에 해야 하는 고민이다. 많은 유소년 선수들이 미디어를 통해 프로 선수들 또는 해외 유명 선수들의 훈련 프로그램을 보고 따라한다. 그 유명한 선수들이 하는 훈련을 좋다는 편견을 가지고 한다. 물론 프로 선수의 훈련은 좋은 훈련이다. 다만 해당 선수 혹은 프로 선수들에게나 좋은 훈련이다. 성장을 하는 유소년 선수에게 '효과적'이라는 건 오히려 성장을 저해하는 요소라고 생각한다. 하는 만큼 돌아오는 것이 운동의 법칙임을 잊어서는 안 된다.

내가 경쟁자를 이길 수 있는 방법

내가 처음 지도자가 됐을 때 이야기이다. 나는 하루에 2~3번씩 꾸준히 훈련했던 선수였다. 나는 재능이 부족했기 때문에 노력을 했다. 하지만 지도자가 되기 위해 공부를 하면 할수록 많은 훈련량은 성장을 저해하는 요소가 될 수 있다는 생각했다. 그래서 지도자가 되어 많은 선수들에게 개인 운동을 하지 말라고 했고 못하게 했다. 근데 지금 생각해보면 부끄러운 소리였다. 나도 1번 하고 내 동료도 1번 하면 내가 어떻게 내 동료를 이길 수 있을까?

내가 재능 있는 동료를 이길 수 있는 방법은 단 한 가지이다. 내가 재능 있는 동료보다 한 번 더 하면 되는 것이다. 지금은 한 번일지 모르지만 그 한 번이 365일 쌓이면 365번을 내 동료보다 더 많이 한 것이다. 앞에서도 말했듯이, 운동은 1번을 하면 1번만큼 성장한다. 1번이 꾸준히 쌓이면 복리 효과가 나타난다. 그리고 내 경쟁자를 이길 수 있게 된다. 아무것도 하지도 않고 내 동료를 이기겠다는 것은 아주 못된 심보이다. 내가 인생을 살면서 가장 싫어하는 단어가 있다.

'저비용 고효율'

양심적으로 웃기지 않는가? 투자를 하지 않는데 어떻게 고

효율을 낼 수 있는가? 마찬가지다. 내 경쟁자를 이기고 싶다면 방법은 경쟁자보다 더 노력하는 것뿐이다. 나는 노력하고 있는데 이기지 못 한다고 이야기한다면 그건 핑계일 뿐이다. 노력은 객관적인 것이다.

실제로 나는 사람들이 일에 미친 놈 같다고 한다. 24시간이 부족하다고 느껴봤는가? 그게 진짜 노력한 사람이다. 내가 이런 이야기를 친구들에게 하면 한 명쯤은 꼭 반박한다.

"노력해도 안 되는 사람 많던데"

그럼 난 대답한다.

"그럼 노력해도 안 된다고 포기할 거야?"

'Muscle Memory'라는 이론이 있다. 한 번 운동했던 사람은 근육이 그 운동을 기억하고 있어서 장기간 운동을 중단하고 다시 하더라도 처음 하는 사람들보다 근육 성장이 빠르다는 것이다. 간단하게 우리 몸이 운동 습관을 기억하고 있다고 생각하면 된다. 노력도 마찬가지다. 나는 'work memory'라고 표현해보겠다. 한 번 죽어라 노력해본 경험은 사라지지 않는다.

인생은 확률 싸움이다. 노력해도 안 되는 사람은 당연히 있을 것이다. 나도 그랬다. 나는 프로 축구 선수가 되기 위해 정말 열심히 훈련을 했다. 하지만 그 문턱을 넘지는 못했다. 그러나 노력하는 방법을 배웠고 그 노력을 포기하지 않고 꾸준히 실천해서 새로운 분야에서 결과물을 만들어내고 있다. 대부분의 MZ들은 노력해도 안 된다는 말을 믿고 포기한다. 확률 싸움에서 포기한 것이다. 그렇기 때문에 우리 에이스 MZ에게 기회가 있는 것이다.

운동과 인생

지도자가 된 후 나만의 원칙이 한 가지 있다.

'SAID : 내가 받은 특정 자극에만 적응한다.'

S : Specific

A : Adaptation to

I : Imposed

D : Demands

내 지도 철학이 있다면, 나는 절대 선수 탓을 하지 않는다. 우리 인체는 내가 준 자극에 의해 뉴런이 만들어지고 자극을 주면 시냅스 전달을 통해 반응을 한다. 절대 자극 주지 않은 것에 대해 반응하지 않는다. 그렇기 때문에 선수가 올바르게 이행하지 못한다면 선수를 탓해서는 안 된다. 온전히 지도자 본인 탓을 해야 한다. 나는 피지컬 코치이다. 선수들이 경기장에서 체력이 떨어져 퍼포먼스를 이끌어내지 못하면 선수를 탓하는 것이 아니라 내 탓을 해야 한다. 많은 지도자들이 선수를 탓하고 있는 모습을 보면 자기 얼굴에 침 뱉는 격이라고 생각한다.

내가 왜 이 이야기를 하는지 알겠는가? 이 이론은 단순히 운동에만 적용되는 것이 아니다. 인생도 마찬가지다. 인생에 대한 결과는 남 탓을 하는 것이 아니라 오로지 내가 준 자극에 대한 결괏값이다. 남 탓 할 것 없다. 운동이나 인생이나 서로 통용되는 진리는 매우 흡사하다. 지금부터 내가 생각하는 운동 방법론과 인생을 비교하여 설명해보겠다.

과부하의 원리
: 우리가 고통 받아야 하는 이유

과부하의 원리란?

과부하의 원리(Overload Principle)는 운동 및 훈련 즉, 인체 움직임의 기능을 훈련하기 위한 원리 중 중요한 개념이다. 과부하의 원리는 우리 인체가 성장하고 기능이 발전하기 위해 효과적인 운동 방법으로, 현재 인체 수준보다 더 큰 부하를 주어야 한다는 개념이다. 다시 말해, 우리 몸에 새로운 자극을 주고, 이에 적응하여 대응하도록 유도하는 것이다. 운동이나 훈련을 할 때 자신의 현재 체력이나 근력 수준에 적절한 양의 부하를 가해야 한다. 만약 항상 같은 무게나 운동 강도로만 운동을 하거나 꾸준한 노력을 하지 않는다면 우리의 몸은 변화가 없을 것이다.

하지만 적절한 과부하를 주고 운동을 하면 인간의 근육은 성장하고 체력 수준은 향상된다.

인간은 적응의 동물

그렇다면 우리 인체는 왜 매일 똑같은 강도로 훈련하면 향상되지 않을까? 정답은 간단하다.

'적응'

우리는 적응의 동물이다. 적응의 속도는 다를 수 있지만 어떤 환경이든 언젠간 적응한다.

처음에 우리가 팔굽혀펴기 10개를 하면 다음날은 지연성근육통(DOMS)를 느낀다. 쉽게 말해 알이 배긴다. 근데 팔굽혀펴기를 10개씩 매일 하면 더 이상 지연성근육통을 느끼지 못한다. 왜? 적응했기 때문이다. 우리 인간의 몸은 적응을 할 수 있게 만들어졌다.

많은 사람들이 나에게 질문을 한다.

'어떻게 그 어린 나이에 브라질이라는 곳에서 부모님 없이 2년 동안 살았어?'

사실 나도 잘 모른다. 그냥 살았다. 그냥 살다 보니 적응을 했고 생존했다. 이런 경험을 한 나는 오히려 새로운 환경에 대한 두려움이 없다. 내 인생을 돌이켜보면 항상 시도와 변화와 적응의 연속이었다.

대구 ⇨ 브라질 ⇨ 김포 ⇨ 군포 ⇨ 부산 ⇨ 익산 ⇨ 부산 ⇨ 서울 ⇨ 스페인 ⇨ 서울 ⇨ 안산 ⇨ 포항

내가 살면서 거쳐간 곳이다. 변화할 때마다 두렵지 않냐고? 당연히 나도 걱정된다. 익숙한 곳을 떠난다는 것만큼 아쉬운 일은 없을 것이다. 하지만 나는 이제 안다. 변화를 주면 그곳에 적응하게 되어 있고 새로운 것을 많이 얻는다는 것을 이제는 안다. 오히려 변화가 무서워 오랜 시간 같은 것을 반복한다면 진화가 아니라 도태할 것이다.

신이 인간에게 준 성장의 조건

운동을 경험해본 사람들은 한 번쯤 느꼈을 것이다. '스쿼트'라는 기본 하체 훈련을 처음에는 맨몸으로 시작하고, 맨몸이 어느 순간 적응이 되어 바벨을 어깨에 올리고 동작을 수행하고, 어느 순간 양쪽에는 원판이 5kg 추가되어 있고, 또 적응이 되어 10kg를 추가하여 동작을 수행하는 자신을 말이다.

이 과정에서 우리는 당연하게 능숙한 단계까지 도달할까? 아니다. 우리에게 필요한 것은 바로 고통이다. 인체는 스쿼트 1개를 하는 것이 기능이 향상될까, 스쿼트 100개를 하는 것이 기능이 더 향상될까? 스쿼트 100개를 하는 것이 인체 기능이 더 향상된다는 것을 누구나 알 것이다.

그럼 또 당연한 질문을 해보겠다. 스쿼트 1개를 하는 것이 고통스러울까? 스쿼트 100개를 하는 것이 더 고통스러울까? 당연히 100개이다. 쉽게 생각해보면, 고통을 강하게 느낄수록 우리 몸의 기능은 향상되게 되어 있다. 그 말인즉, 신은 우리 인간을 설계할 때 고통을 느끼면 느낄수록 성장하게끔 만들었다는 것이다.

"No pain no gain"

"고통 없이 얻는 것은 없다."

내가 선수들에게 체력 훈련을 시킬 때 항상 하는 말이 있다.

"고통을 즐겨라"

고통 없이 어떻게 성장하는가? 고통을 즐기고 있는 모습을 보면 마치 미친 사람처럼 보이지만, 다들 그러지 않는가? 미쳐야 성공한다. 미친 자를 절대 이기지 못한다. 그 성공한 사람들은 자신의 모든 상황을 즐겼다. 즐겼기에 미친놈처럼 보였을 것이다. 나도 요즘 주변 지인들에게 일에 미친 놈 같다고 자주 듣는다. 나는 고통이 오면 절망하는 게 아니라 오히려 즐겁다. 물론 스트레스 지수는 올라가지만, 한편으로 이 시기가 지나가면 얼마나 성장했을지를 상상하며 오히려 설렌다.

내가 인생을 바라보는 첫 번째 원칙, 과부하의 원리를 느껴봐라. 운동과 인생은 똑같다. 매일 똑같은 운동을 하면 성장하지 않는다. 오히려 퇴보한다. 성장하고 싶은 MZ에게 필요한 것은 매일 똑같은 일상을 보내는 것이 아닌, 새로운 자극이다. 시도해봐라. 변화를 즐겨라. 아주 사소한 변화도 좋다. 그 변화는 언젠간 또 적응할 것이다. 그리고 당신의 삶에 부하를 더 주어라. 당신의 어깨가 무거우면 무거울수록 성공에게 더 가까워지고 있다는 증거이다.

물론 그 고통을 느끼는 순간은 성장한 모습을 느끼지 못할 것이다. 다만, 어느 순간 돌이켜보면 진짜 에이스 MZ가 된 당신을 보게 될 것이다. 나처럼.

점진성의 원리
: 객관화, 욕심 절제

점진성의 원리란?

점진성의 원리(Progression Principle)는 트레이닝 원리의 하나로, 훈련 시 부하를 점차적으로 증가시켜 운동의 효과를 거두는 운동 방법론이다. 점진성의 원리는 운동이나 훈련을 할 때 점진적으로 어려움을 늘려 나가는 것이 중요하다는 개념을 말한다. 운동은 부하를 지나치게 빠르고 많이 증가시키면 부상의 원인이 되기도 한다. 또 반대로 너무 적어도 부상의 원인이 되거나 운동 효과를 거둘 수가 없다. 이 뿐만 아니라 매일 똑같은 부하만 줘도 우리 인체는 성장할 수 없다. 점진성의 원리를 지키며 운동을 할 때 인체의 체력과 기능이 효과적으로 발전하고 향상

될 수 있다.

점진적으로 어려움을 증가시키면 우리의 몸은 더 큰 도전에 대응하며 발전하게 된다. 웨이트 트레이닝으로 예를 들어보자. 기본 중량에 횟수를 점차 늘려가고, 다음에는 중량을 늘리고 다시 반복 횟수를 줄인다. 그리고 다시 증가된 중량으로 반복 횟수를 점차 늘려가는 형태를 반복한다. 얼핏 보면 과부하의 원리와 매우 비슷하다. 적응하는 인체에 지속적인 자극을 주는 방법이다. 단순히 계속 과부하를 주는 것이 아닌, 인체에 적응된 부하를 지속적으로 또 점진적으로 주는 원리가 점진성 원리이다.

점진성 원리의 적용

피지컬 코치의 역할 중 RTP(Return To Play)라는 중요한 임무가 있다. 부상 후 복귀 선수의 컨디셔닝을 시키는 과정을 의미한다. 부상 후 복귀 선수들은 본 훈련과 경기에 들어가기 전에 꼭 나의 특별 훈련을 거친다. 이때 선수들은 매우 예민하다. 부상에 대한 트라우마가 있을 수 있고, 경쟁 선수의 성장세를 보며 시기와 질투를 할 수 있다. 또한 부상 재발의 위험을 가지고 있다. 그렇기 때문에 정확한 처방이 필요하다. 빠른 시간 내에 정상적인 컨디션을 위해 절대 과해서도 안 되고 부족해서도 안 되는 점진성의 원리가 필요하다. 근데 여기서 가장 중요한 것이, 과연 어느 정도의 점진적인 부하가 필요한지이다. 절대 과해서도 안 되고 부족해서도 안 된다. 선수 상태에 대한 객관적인 분석과 방법론을 생각하여 처방해야 한다. 그래야 성장세가 보이고 팀이 원하는 시기까지 복귀할 수 있다.

회피

점진성의 원리는 우리 인생의 성장을 위해서도 아주 중요한 원리이다. 우리 인간은 항상 편한 것을 찾는 습성이 있다. 조금의 시련이 있으면 피하는 모습을 보인다. 그렇기 때문에 인생에 점진적으로 부하를 주며 성장하는 것은 매우 어렵다. 당신의 인생에도 여러 번의 시련이 있었을 것이다. 시련의 강도를 떠나서 당신이 느낀 시련의 대부분을 피했을 것이다. 나도 그런 경험이 있다.

고등학교 2학년 때의 기억이다. 1학년 때부터 많은 경기를 소화하면서 감독님은 내 몸을 혹사시켰다. 너무 힘들었기에 쉬고 싶었지만 감독님이 무서워 쉬고 싶다는 소리를 하지 못했다. 내가 선택한 방법은 부상이다. 부상을 당한 척하고 거짓말을 했다. 돌이켜보면 그 시기 때 힘듦을 견뎠더라면 더 성장할 수 있는 시기이지 않았을까 생각한다. 이런 경험을 통해 나는 이제 힘든 상황을 회피하지 않는다. 오히려 힘듦을 찾아다닌다.

객관화

여기서 중요한 것 하나가 있다. 바로 자신에 대한 객관화이다. 메타인지라는 말을 많이 한다. 나는 여러 힘듦과 변화를 겪으면서 내가 견딜 수 있는 수준의 부하를 인내하고 재도전하며 적용한다. 매 순간을 견디면 새로운 인생 고통 부하에 적응한다. 적응한 후에는 조금 더 큰 부하에 도전한다.

인생에 대한 부하는 절대 과하면 안 된다. 과한 훈련은 부상으로 이어지듯, 인생에서의 과한 도전은 번아웃이 찾아올 수밖에 없다. 따라서 인생에서 점진성의 원리에 가장 중요한 것은 객관화이다. 내가 어느 정도의 부하를 버틸 수 있는지 시도를 하고 경험을 하는 것이다. 운동과 마찬가지다. 일단은 사소한 도전에서 시작하면 된다. 학생이라면 원래 전공에서 별도의 공부를 하며 자격증을 따는 스트레스 부하, 직장인이라면 일을 하고 난 뒤 운동을 하는 자기 관리 부하 등 아주 간단한 변화를 주는 것이다. 그러면서 나 자신의 한계를 알고 늘려가는 것이다.

욕심 절제

이렇게 점진적으로 자신의 인생을 성장시키면 모든 이들이 성공했을 것이다. 하지만 대부분의 사람들은 실수를 한다. 바로 '욕심'이다. 사업하는 아버지께 들은 이야기 중 재밌는 이야기가 있다. 안경업을 하면서 수많은 경쟁자들을 봤는데, 열심히 노력하는 사장들을 보면 공통적으로 안경원 한 개는 성공한다고 한다. 그런데 진짜는 2호점을 열었을 때 진가를 발휘한다고 한다. 대부분의 사장들은 자기 자신을 너무나 믿고 성급하게 2호점을 오픈한다고 한다. 2호점도 당연히 성공할 것이라는 자신감에 오픈을 했지만, 하나같이 망한다고 한다. 이유가 뭘까? 메타인지 부족으로 욕심이 과한 것이다.

우리는 점진적으로 인생을 성장시켜야 한다. 한 순간 폭발적으로 올라가는 성장은 한 순간 폭발적으로 떨어진다는 것을 알아야 한다.

성공한 사람들의 단편적인 결과만 보고 꿈을 키우지 마라. 점진적으로 성장해야 진짜 내 것이 되고 오래 간다. 절대 서두를 필요가 없다. 꽃은 언젠간 핀다. 단지 오랫동안 피고 싶다면 서두르지 말고 전진하라.

당신이 급하면 이 말을 떠올려라.

“Poco a poco sin prisa, pero sin pausa”

“조금씩 조금씩 서두르지 말고 멈추지도 말고”

인생을 조급하게 사는 내가 스페인 유학시절 배운 단어이다. 이 문구가 나의 마음을 다잡는 데 많은 힘을 줬다. 나도 당신에게 이야기해주고 싶다. 묵묵히 전진한다면 멋진 MZ가 될 수 있다. 오늘 후배가 나에게 이런 말을 했다.

‘형은 청춘의 표본이에요.’

이 책을 읽는 모든 이가 진짜 청춘을 알았으면 한다.

반복성의 원리
: 게으름, 익숙함을 경계하라

반복성의 원리란?

반복성의 원리(Repetition Principle)는 트레이닝 원리 중 하나로 훈련을 반복적으로 수행함으로써 우리의 몸이 발전하고 개선되는 원리를 말한다. 인체가 성장하기 위해서는 일정한 주기로 반복적으로 운동을 수행하는 것이 중요하다. 반복성의 원리를 지키면서 운동을 하면 우리의 체력과 근력이 발전하고 신체 기능이 향상된다. 뿐만 아니라 반복성의 원리를 통한 훈련은 운동 방법을 학습하는 시간을 주어 보다 안전한 운동을 함으로써 부상을 예방하기도 한다.

생각하지 않고 행동하는 방법

체육학을 공부하다가 문득 궁금했다. 우리 몸은 뇌에서 신호를 주고 신경계가 근육을 조종하여 신체를 움직이게 만든다. 하지만 어떻게 갑작스러운 상황에 반응을 할까?

첫 번째는 척수 반사라는 개념이 있다. 인체가 위급한 상황에 뇌의 명령을 내릴 시간을 주지 않고 척수 수준에서 자극을 주어 신경을 통해 인체를 움직이게 만든다. 하지만 축구 선수들은 간단한 패스나 컨트롤을 할 때 위급한 상황이 아님에도 불구하고 생각을 하지 않고 행동한다. 그냥 자연스럽게 내가 차고 싶은 곳 또는 공을 이동시키고 싶은 곳으로 다룬다. 또 축구를 하는 도중 여러 상황에서 갑자기 몸이 반응할 때가 있다. 이러한 반응은 어떻게 이루어지는지 궁금했다. 이런 상황은 척수 수준이 아니었다. 답은 간단했다.

'기억'

몸이 기억한다는 이야기를 들어봤을 것이다. 축구 선수들은 수많은 동작과 감각을 뇌의 장기기억 영역에서 관리한다. 그럼 장기기억을 위해서 가장 중요한 것은 무엇일까? 반복성의 원리이다. 내가 처음 축구를 시작할 때 원하는 곳으로 공을 패스하는 것은 매우 어려웠다. 하지만 어느 순간부터 내가 원하는 곳으로 자연스럽게 보내기 시작했다.

1만 번의 법칙 혹은 1만 시간의 법칙에 대해서 들어봤을 것이다. 꼭 축구뿐만 아니라 무슨 일이든 많이 할수록 실력이 향상된다. 이 간단한 이치를 이해하는 순간 도전이 두려워지지 않는다. 새로운 것에 대해 어색함을 느낄 수 있지만 반복적으로 하다 보면 익숙해진다.

꾸준함의 힘

반복성의 원리는 내가 가장 좋아하는 트레이닝 원리 중 하나이다. 노력, 꾸준함은 절대 우리를 배신하지 않는다. 배신했다고? 노력이 당신을 배신한 것이 아니라. 당신이 노력을 배신했을 가능성이 크다. 이 세상에 죽도록 해서 안 되는 것은 없다. 아니 있을 수도 있다. 하지만 그 죽도록 노력하는 과정을 겪어봤다면 무슨 일을 하든 성공할 수 있다. 많은 운동 선수 출신 후배들이 물어본다.

"어떻게 해야 성공할 수 있을까요?"

그럼 나는 항상 대답한다.

"네가 운동할 때 했던 노력을 다른 분야에 고스란히 투자한다면 어떤 일이든 성공할 수 있어."

운동 선수는 자신의 몸을 갈아 넣는 고통을 느끼면서 살아간다. 앞서 언급했던 과부하의 원리라는 단어 그대로, 우리 인체가 성장하기 위해서는 항상 적응되어 있는 자극보다 과한 부하를 줘야 한다. 운동 선수는 몸 관리를 위해 이와 같은 고통을 매일 겪는다. 그 매일 극복하는 경험을 다른 분야에 똑같이 적용한다면, 단언컨대 무슨 일이든 성공할 수 있다.

이렇게 단언하는 근거는 무엇일까? 바로 내가 직접 경험해 봤기 때문이다. 나는 노력파 선수였다. 개인 운동 중독이라고 할 정도로 성실하게 했다. 그것 말고 내 동료를 이길 방법이 없었기 때문이다. 그럼에도 불구하고 프로 선수가 되지 못했다. 그렇다고 노력이 나를 배신했을까? 그렇게 생각하지 않는다. 내가 더 몰입했더라면 더 좋은 결과가 있었을 거라는 마음가짐으로 새로운 꿈에 도전했다. 공부를 할 때는 내가 운동하면서 노력했던 것에 비해 시간과 열정을 더 투자했다. 결과는? 세종대학교 졸업학점 4.28이었다. 20대에 프로 축구 구단 피지컬 코치가 되었다.

‘어? 운동했을 때의 노력 만큼을 다른 일에 투자하면 성공할 수 있네?’

이것을 깨닫는 순간 도전이 두렵지 않았다. 본업이 있으면서도 노력하여 책을 쓰고 출간하였다. 여기서 멈추지 않고 사업도 시작했다. 힘들지 않냐고? 내가 겪은 중, 고등학교 시절 엘리트 운동 선수 생활에 비하면 전혀 힘들지 않다.

이것이 왜 노력이 우리를 배신하지 않는다는 증거이며 무슨 일이든 꾸준히 해본 경험이 당신의 인생에서 왜 중요한지 말할 수 있는 팩트이다.

실수

고등학생 때를 떠올려보자. 우리 세대들은 일반적으로 대학교를 목표로 고등학교 생활을 했을 것이다. 엘리트 체육을 했던 나도 마찬가지다. 고등학교 1학년 때 취업하는 선배들을 보며 인 서울을 하는 것을 당연하게 생각했다. 대부분의 1학년들은 인서울을 생각한다. 2학년이 되면 수도권도 긍정적으로 생각한다. 3학년이 되면 어떨까? 4년제만 갔으면 좋겠다는 생각을 한다. 대부분의 학생들은 당연하게 생각한다. 이런 경험을 하고 대학을 가면 어떨까? 또 똑같은 패턴을 반복할 것이다. 1학년 때는 졸업하면 대기업에 취업을 당연하게 생각할 것이고, 2학년이 되면 안정적인 중견 기업, 3학년이 되면 중소 기업, 4학년이 되면 졸업이라도 했으면 좋겠다는 생각을 다들 느꼈을 것이다.

문제가 뭘까? 나는 객관화라고 생각한다. 인간은 망각의 동물이다. 또 매 순간 이 정도면 충분하다는 착각을 가지고 살아간다. 정확한 자기 상황을 파악하지 못하는 '메타인지'의 부재이다. 조금만 잘하고 있고 결과가 나오면 거기에 만족을 하고 익숙해진다. 그렇게 노력으로 만들어진 본인의 반복적인 습관을 멈춘다. 이것이 우리가 자주 하는 실수 중 하나이다. 무언가를 성취를 했을 때 그 성취는 그냥 된 것이 아니다. 당신의 노력에 대한 결과다. 또 지속적으로, 반복적으로 노력하지 않으면 그 결과는 다시 나타나지 않는다.

새로움에 대한 두려움

어느 날 포항 스틸러스 팬이 나에게 질문을 했다.

"코치님 저는 새로운 일을 할 때 혹은 어려운 일을 할 때 잘하지 못하는 것이 너무 무서워요. 코치님은 어떻게 극복하세요?"

나는 대답했다.

"새로운 일은 무엇이든 어렵습니다. 저 또한 마찬가지입니다. 하지만 새로운 일도 지속적으로 하다 보면 익숙한 일이 되겠죠. 어려운 일도 똑같습니다. 처음에는 어렵습니다. 하지만 어려운 일도 반복적으로 하면 쉬운 일로 바뀝니다. 저는 항상 이 본질을 이해하고 도전해요. 못해도 부끄럽지 않아요. 또 두려워하지 않습니다. 오히려 중간에 포기하는 것을 부끄러워하죠."

반복성의 원리는 우리 에이스 MZ들이 갖춰야 할 아주 기본적 소양이다. 새로운 것이 익숙해질 때까지, 또 익숙함에 속아 나태해지지 않기 위한 가장 기본적인 소양이다. 노력은 배신하지 않는다.

개별성의 원리
: 창조는 곧 재창조다

개별성의 원리란?

개별성의 원리(the principle of individualization)는 개인의 특성에 맞는 트레이닝을 함으로써 운동 시 효과를 얻을 수 있다는 것이다. 개별성의 원리는 오랜 기간 트레이닝 시 매우 중요한 요인으로 작용한다. 트레이닝 시에는 종목의 특수성과 개인의 능력 및 잠재력에 대한 특성이 적절하게 고려되어야 한다.

개별성의 원리는 단지 개인적인 특수성을 고려하거나 개인의 기술적인 단점을 보완하는 것에 국한되지 않는다. 개인에 대한 주관적인 관찰과 객관적인 평가를 통해 운동 참여자의 능력을 극대화시킬 수 있는 트레이닝의 필요성을 인식하도록 해야 한다. 훈련 시 운동 형태, 운동 강도, 운동 시간, 운동 방법 등을 설계할 때 체력 특성 및 수준, 성별, 연령, 발육단계, 노화의 정도, 체형, 건강 상태, 운동 종목의 선호도 및 숙련도, 심리적 특성 등을 수많은 것들을 반드시 고려해야 훈련의 효과를 효율적으로 이끌어 낼 수 있다.

아이디어

내가 사업을 시작할 때의 이야기이다. 부모님의 영향이 커서 그런지 나는 항상 최종적으로 사업을 하고 싶은 마음을 가지면서 살아왔다. 음식점을 가도 내가 만약 음식점을 한다면 어떻게 해야 할 지 고민을 해보고, 한 평생 축구를 해왔기에 축구 시장 속에 어떻게 새로운 아이템을 개발하여 한 분야를 개척하고 이끌어 갈 수 있을까 고민한다.

사업과 창업의 시작은 항상 새로운 아이템과 개발, 그리고 아이디어로 시작한다고 생각했다. 뭔가 획기적이고 고객들의 니즈를 충족할 수 없는 신박한 아이템이야말로 사업이자 창업이라고 생각했다.

하지만 그것은 사업이 아니었다. 나의 큰 착각이었다. 수십 세기의 역사를 자랑하는 인간의 역사에서 새로운 발명품이라는 것은 내 수준에서 할 수 있는 것이 아니었다. 내가 머리 속으로 생각하고 있는 것의 대부분은 이미 존재하는 아이템이었다. 시대는 급변한다. 지금도 4차 산업혁명과 AI 시대로 많은 직업들이 사라질 것으로 예측한다. 산업혁명이 있을 때마다 많은 직업들이 없어지고 생겨난다. 산업혁명 때뿐만 아니다. 모든 분야의 트렌드가 주기적으로 변한다. 그런데 자세히 관찰하면 그 변화는 새로운 것이 아니라 매번 과거의 유행이 돌고 도는 형태가 더 많다. 물론 정말 새로운 것이 주도하는 때도 있다. 그만큼 창의성이라는 것은 매우 어렵다.

모방

자, 그럼 여기서 새롭고 획기적인 아이디어는 어떻게 적용하는 것인가? 내가 선택한 방법은 바로 '모방'이다.

내가 판매하고 있는 제품은 안경이다. 안경은 흔히 의료기기로 많이 알고 있다. 시력에 불편함을 느끼는 많은 이들의 시력 교정을 위한 제품이다. 하지만 10년전부터 안경은 단순 시력 교정을 위한 제품이 아니다. 아이웨어라는 명칭이 생기며 많은 사람들의 패션을 위한 제품으로 변화되었다.

그럼 내가 출시한 브랜드 '루크아이'는 패션을 위한 제품인가? 아니다. 나는 고객들에게 안경을 통해 '회복'을 제공한다. 안경이 회복? 갑자기 뚱딴지 같은 소리로 들릴 수 있다. 나의 직업은 피지컬 코치이다. 피지컬 코치는 선수들의 컨디션과 체력 관리를 담당하는 임무가 있다. 나는 항상 선수들에게 어떤 운동을 시켜야 그들의 퍼포펀스가 향상이 되고 어떤 음식을 먹여야 퍼포먼스에 도움을 주며, 어떻게 몸 관리를 해야 퍼포먼스가 유지되는지 알려준다. 제일 중요한 것이 운동, 섭취, 수면이라고 생각하면 된다.

그 중 가장 많이 결여된 분야가 바로 수면이다. 선수들에게 어떤 훈련이 효과적인지 훈련시키는 것은 쉽다. 음식도 이미 다양하게 나와 있다. 하지만 수면이 중요한 것은 알지만 어떻게 자야 수면에 도움을 주는지는 나에게 어려운 숙제와 같았다. 그러던 도중 잉글랜드 맨체스터 시티 팀 소속의 엘링 홀란드 선수가 수면을 위해 안경을 쓴다는 광고를 봤다. 그 순간 생각이 들었다.

'아, 이거다.'

그것을 본 순간 나는 아버지에게 전화를 했다.

'아버지, 저 안경 사업 하고 싶어요.'

나의 아버지는 35년 넘게 안경업을 하신 안경 장인이시다. 아버지에게 수면을 위한 특수렌즈를 알아보는 것은 어렵지 않았다. 뿐만 아니라 내 동생도 온라인 안경업을 운영한 지 5년이 넘는 베테랑이었다. 본업이 있는 나에게 온라인 시장 진출은 필수였기에 동생의 도움이 많이 필요했다.

하지만 아버지는 어느 날 나와 동생을 부르시더니 내 사업 시작을 반대하셨다. 이유는 간단했다. 아버지의 경험상 가족 간에 같은 업종의 일을 하는 것은 매우 위험한 일이기에 내가 안경업에 뛰어드는 것을 반대하셨다. 하지만 나는 아버지께 말씀드렸다.

'아버지, 저는 세상에 안경을 파는 것이 아닙니다. 저는 회복을 팔 겁니다.'

그 후 아버지는 납득하셨다. 나는 피지컬 코치라는 본업이 있기에 기존에 안경 시장에 있던 특수렌즈를 내가 스포츠 시장에 진출하여 선수들에게 회복을 위해 도움을 주는 아이템이라는 명분을 이해하셨다.

'루크아이'는 렌즈 자체에 색소 주입 가공법으로 인공 빛의 블루라이트를 흡수하여 눈을 보호하고, 블루라이트가 인체에 미치는 영향 중 수면 호르몬인 멜라토닌 억제를 방지하여 수면의 질에 도움을 줄 수 있다. 뿐만 아니라 렌즈 자체의 퀄리티와 기능을 올리기 위해 AR(Anti-Reflective) 코팅이라는 반사방지 코팅을 추가하여 사물을 볼 때의 선명도를 증가시켰다. 눈에 안 좋은 것은 차단하고, 보고 싶은 것은 더 명확하게 볼 수 있는 특수 렌즈이다. 현재 눈 보호를 위해 최고의 기능을 아버지께 조언을 받아 출시하였다.

이런 기술은 이미 수십 년 전부터 있었다고 한다. 근데 왜 우리가 몰랐을까? 나도 루크아이 렌즈를 착용하면서 눈이 매우 편하다는 것을 느꼈다. 이미 중독이 될 정도이다. 그래서 아버지께 궁금해서 물어봤다.

"아버지, 이렇게 좋은 렌즈를 왜 안경원에서 판매하지 않으세요?"

"안경사가 아무리 좋다고 해도 사람들은 안 믿어."

여기서 깨달았다.

첫째로, 안경원에 오는 사람들에게 특수렌즈를 홍보 해봤자 고객들은 안경사들이 돈 벌기 위한 상술이라고 생각하기에 이런 방법은 고객에게 통하지 않는다는 것을 인지했다.

둘째로, 사회의 니즈와 맞지 않았다. 컴퓨터와 핸드폰의 역사는 그렇게 길지 않다. 지금은 매우 보편화되어 있지만, 불과 20년 전인 나의 초등학교 시절엔 핸드폰을 들고 있는 사람들은 몇 되지 않았다. 사회가 발전함에 따라 블루라이트와 눈 건강이 강조되는 시점에 내가 시작한 것이다.

나는 새로운 것을 개발한 것이 아니다. 모방을 했다. 엘링 홀란드의 몸 관리법을 모방했고 기존에 있는 안경을 모방했다. 하지만 여러 모방을 나만의 것으로 만들어 창업을 하니 새로운 아이템이 된 것이다.

나는 피지컬 코치이다. 선수들에게 회복을 제공하기 위한 아이템을 판매한다. 진짜 신기한 것은 제품을 팔면서도 감사하다는 소리를 고객들에게 듣는다는 점이다.

"좋은 제품을 제공해주셔서 감사합니다."

정말 아이러니했다. 어떻게 보면 남들과 다름 없는 장사꾼임에도 불구하고 고객의 니즈에 맞게 판매를 하니 역으로 고맙다는 소리를 듣는다.

개척자

인생을 볼 때도 이와 마찬가지이다. 누구나 블루오션을 찾을 것이다. 새로운 아이템을 찾아야, 남들이 가지 않는 길로 가야 성공할 수 있다는 소리를 듣고 움직일 것이다. 하지만 나는 이야기한다. 기존에 있던 무수히 많은 것을 다시금 나만의 것으로 소화하는 과정이 곧 새로움의 시작이라고 말이다.

나는 축구 선수 출신이다. 프로 축구 피지컬 코치이다. 나에게는 축구라는 본질이 있다. 이 본질과 무수히 많은 아이템들을 융화시켜서 나만의 것으로 만들면 그것이 곧 새로운 분야의 개척이고 창의적인 것이다.

MZ들에게 이야기하고 싶다. 이미 기성세대가 모든 분야를 장악하고 있다고 걱정하지 마라. 이미 포화된 대한민국이라고 걱정하지 마라. 나도 걱정을 많이 했지만 달라지는 것은 없었다. 단지 당신의 정체성을 하나를 만들고 세상에 널린 아이템들을 자신만의 색깔로 재창조하면 된다. 이것이 내가 말하고자 하는 인생의 개별성의 원리이다. 이 세상에 이미 정답은 존재한다. 하지만 정답을 자신의 것으로 융화하여 적용하는 것이 내가 선택한 방법이었고 여러분들이 갖춰야 할 능력이다.

특이성의 원리
: 한 가지씩 완벽히 습득해라

특이성의 원리란?

특이성의 원리(the principle of specificity)는 각 운동 종목과 관련하여 신체의 외적인 형태 및 기능적인 측면이 특수하게 변화되는 과정을 말한다. 즉, 어떤 운동을 실시하더라도 트레이닝 수행 시 모든 체력 요소들이 발달하는 것이 아니라 종목에서 요구되는 특정 체력을 중점적으로 발달시켜 트레이닝의 목적을 성취한다.

예를 들어, 축구의 킥 능력을 향상시키기 위해서는 대퇴근육의 신전운동을 이용하여 빠르고 강한 힘을 발휘할 수 있는 웨이트 트레이닝을 실시할 때 가장 효과적일 것이다. 따라서 지도자는 선수들의 성장과 훈련 과정에서 각 개인의 특성을 고려하여 신체 각 기관이 종목에 적절하게 적응하도록 유도해야 한다. 이러한 과정을 생리학적 측면뿐만 아니라 종목의 특수성, 연령 증가에 따른 신체의 발육, 발달과 관련해 필수적으로 고려해야 한다.

4개국어의 비결

인간에게 가장 중요한 것은 환경이다. 한 유튜버가 이런 말을 했다. 본인은 서울대에 가고 싶어서 전국에서 공부를 제일 열심히 하는 집단에 들어가서 그 집단에서 제일 열심히 하는 사람이 되었다. 그리고 서울대에 갔다. 내가 어떤 목표가 있다면 그 목표에 대한 환경부터 조성하는 것이 가장 중요하다.

내가 어린 나이에 프로팀 지도자로 입단한 비결 중 하나는 바로 '언어'이다. 내가 구사하는 언어는 포르투갈어, 스페인어, 영어, 한국어이다. 당시 27살의 나이에 4개국어를 하는 운동 선수 출신은 매우 드물었다. 포르투갈어 능력은 원어민 수준에 가깝다. 스페인어는 스페인 공인 자격증인 '델레 B1' 자격증을 소지하고 있다. 회화 수준은 B2 레벨에 더 가깝다. 영어는 공부한 적은 없지만 대학교부터 대학원 그리고 피지컬 코치가 되기 위해 해외 논문과 서적을 읽으면서 자연스럽게 의사소통 능력을 습득했다.

K리그의 외국인 용병 선수 추이를 보면 50% 이상이 브라질인, 나머지 50% 남미 또는 아프리카 외 영어권 선수들이다. 그 말인즉, 내가 K리그에 일을 하면서 언어적 소통이 어려운 선수는 없다는 이야기다. 전문 통역관이나 전공자가 아닌데 어떻게 여러 언어를 구사하는지 많은 사람들이 궁금해한다.

비결은 간단하다.

'환경'

인간은 적응의 동물이다. 어떤 환경에 처하든 적응하게 되어 있다. 내가 브라질을 유학 갔을 때 나이는 13살이다. 브라질이 포르투갈어를 쓰는지도 몰랐다. 브라질에서 언어를 사용하다 보니 포르투갈어라고 표현하는 것을 들었고, 포르투갈의 식민지였기에 그 언어를 사용한다는 것을 알았다.

흔히들 우리는 영어를 할 때 문법을 공부하고 그 문법을 토대로 대화를 한다. 흔히들 외국어를 구사할 때 보이는 패턴이 하고 싶은 말을 모국어로 먼저 생각하는 것이다. 그리고 해당 문장을 문법에 맞게 외국어로 나열해서 생각하고 말로 내뱉는다. 하지만 내가 외국어를 쓸 때는 이러한 과정이 없다. 그냥 생각 없이 하고자 하는 말이 바로 나온다. 내가 브라질에 살았던 기간은 고작 21개월이다. 언어를 따로 배우지도 않았다. 그냥 살기 위해 배웠다. 그저 살기 위해 배우니 짧은 기간 안에 오랜 장기기억으로 남아 아직까지도 유창하게 구사할 수 있다. 몇 년을 어학원에 다니는 것보다 환경이 더 중요하다는 것을 유학 경험을 통해 배웠다. 그래서 나는 편입과 동시에 언어를 배우기 위해 유학을 생각했다. 스페인이라는 환경에 있으니 자연스럽게 스페인어가 익숙해졌다. 스페인에 있다고 스페인어를 자주 들을 수 있는 것은 아니니 아침마다 스페인 뉴스를 틀어서 듣고 매일 친구들을 만나서 대화를 했다. 물론 스페인 팀에 한 시즌만 있을 계획이었으므로 주어진 시간이 짧기에 도서관에서 매일 공부를 하기도 했다. 3개월이 지나니 가벼운 의사소통이 가능했고, 6개월이 지나니 친구들과 어울려 놀기 시작했고, 9개월이 지나니 팀 미팅을 할 때 지도자가 하는 말을 다 이해하고 궁금한 사항을 질문할 수 있었다.

영어도 똑같다. 아직 해외를 나가지는 않았지만 매일 영어를 듣는다. 매일 영어를 말한다. 매일 영어를 읽는다. 이와 같은 간단한 방법으로 굳이 영어 학원에 다니지 않아도 친구들과 의사소통을 할 수준의 영어를 구사할 수 있다.

한 가지의 비결

많은 MZ세대들은 한 가지 일에 몰두를 잘 못한다. SNS를 보면 다재다능한 사람을 볼 수 있다. 그들을 보면서 꿈을 꾼다. 간단한 예시로 나는 4개국어를 할 수 있다. 프로 축구단 피지컬 코치이다. 작가이다. 사업가이다. 후배들도 나처럼 되고 싶다고 언어 공부도 하고 생리학 공부도 하고 글도 써보고 사업구상도 한다.

이게 잘못된 점이다. 한 번에 여러가지 일을 이루려고 한다. 물론 나도 멀티플레이어이다. 내 인생을 보면 한 가지만 한 적은 없다. 근데 재밌는 건 난 한 가지만 했다는 점이다. 대신 한 가지씩 완벽하게 했다. 그것이 쌓여서 지금의 다재다능한 나를 만들었다. 사람들은 과정을 보지 않는다. 결과만 본다. 그 결과만 보고 목표를 세운다. 그 목표는 전혀 체계적이지 않다.

보디빌더를 특이성의 원리대로 생각해보자. 왜 소위 헬창들이 "나는 오늘 등 땡기는 날이야." 또는 "오늘은 하체 하는 날이야."라고 하는 걸까? 왜 둘 다 같이 하지 않을까? 같이 하면 더 효율적이지 않을까 싶겠지만, 우리 인체는 전혀 그렇지 않다. 오늘 등, 내일은 하체, 그 다음 날은 어깨, 하루에 하나만 최선을 다하면 일주일 뒤에 내가 달라진다.

인생도 마찬가지이다. 열심히 할 수 있는 환경을 조정하는 것이 중요하다. 하지만 한 가지만 열심히 하는 환경을 조성해야 한다. 나는 글을 적을 때 글만 적는다. 훈련을 할 때 훈련만 한다. 사업을 할 때는 사업만 한다. 그게 하나씩 쌓여서 다재다능한 에이스 MZ를 만든다는 것을 인지해라.

가역성의 원리
: 전진하지 않으면 퇴보한다

가역성의 원리란?

가역성의 원리(reversibility principle)는 트레이닝 원리 중 가장 이해하기 쉬운 간단한 원리이다. 가역성이란 시간이 흐르는 동안 물체의 운동이 변화했을 때 시간을 거꾸로 되돌린다면 물체의 처음 상태로 되돌아갈 수 있는 성질을 뜻한다. 쉽게 말해 운동을 하다가 과부하를 주지 않거나 중단하면 운동 능력의 감소가 빠르게 진행된다는 뜻이다. 우리가 운동을 하다가 오랜 기간 쉬고 다시 하면 그 전보다 훨씬 힘들게 느끼는 이유 중 하나가 바로 가역성 때문이다.

1일을 쉬면 3일을 운동해야 만회가 된다

운동 선수들의 재밌는 속설이 하나 있다. 1일을 쉬면 3일을 운동해야 원래의 컨디션으로 돌아오고, 3일을 쉬면 일주일을 운동해야 원래의 컨디션으로 돌아오고, 일주일을 쉬면 한 달을 운동해야 원래의 컨디션으로 돌아온다고 한다. 내가 운동을 할 때 이 말은 그저 지도자들이 나를 힘들게 하기 위해 만든 말인 줄 알았다. 왜냐하면 휴가를 갔다 오면 정말 힘들게 체력 훈련을 시켰기 때문이다. 가끔은 휴가 복귀 후에 있을 체력 훈련이 싫어서 차라리 쉬고 싶지 않을 정도였다.

하지만 정말 휴가를 갔다 오면 쉰 만큼, 아니 그 이상의 운동이라는 고통이 있어야 다시 원 상태로 돌아오는 것이 인체이다. 그렇게 가역성의 원리를 몸소 배웠다.

근데 가역성의 원리가 운동 선수에게만 해당되는 것일까? 일상에서도 마찬가지이다. 휴가로 해외 여행을 다녀오고 출근하는 날 우리는 어떤 컨디션을 느끼는가? 출근하기 싫고 몸이 적응을 못하는 느낌을 받는다. 이럴 때 우리는 하기 싫은 티를 내는 것이 아니라. 당신이 쉰 것보다 더 열심히 해야 한다. 그래야 당신의 능률은 유지, 혹은 향상될 것이다.

치열한 경쟁 끝에 단 1%만 국대가 된다

운동 선수들에게 항상 하는 말이 있다.

"위 아래로 10년이 당신의 경쟁자이다."

운동 선수들은 엘리트 체육에 들어오는 순간부터 경쟁의 연속이다. 매년 축구 선수를 목표로 하는 초등학교 학생을 2천명으로 잡아보자. 축구로 중학교에 진학하는 인원은 대략 1500명, 축구로 고등학교에 진학하는 인원은 1천 명 미만, 축구로 대학교에 진학하는 인원은 500명 미만, 대학교에서 프로 선수가 되는 인원은 50명 미만, 프로 구단 인원 40명 중 경기를 뛰는 인원은 11명, K리그 약 20개 각 구단 중에 국가대표 선수에 발탁되는 인원은 20명이다.

여러분들은 무슨 생각이 드는가? 나는 숨막힌다. 13세부터 은퇴하는 30대까지 매년 치열하게 경쟁한다. 그 경쟁에서 살아남기 위해 끊임없이 노력한다.

프로 구단에 입단하는 대부분의 20대 초반 선수들은 고등학교와 대학교 레벨을 웃도는 실력의 선수들이다. 그 선수들과 이야기를 해보면 프로 구단과 계약과 동시에 당연히 프로 선수가 되고 경기에 출전하여 영웅이 되는 상상을 한다고 한다. 하지만 현실은 다르다. 만년 2군 생활이다. 그 시간을 인내하고 성장하고 한 번 올까 말까 하는 기회를 잡으면서 성장한다. 또 반대로 1군 선수들은 만 년 1군일까? 절대 아니다. 지도자가 된 뒤로 선수들이 너무 잘 보인다. 노력하지 않으면 퍼포먼스는 무조건 떨어진다. 운동에 집중하지 않으면 퍼포먼스는 무조건 떨어진다. 인생에도 가역성의 원리가 적용된다. 우리는 노력하지 않고 나태해지는 시간이 길어질수록 내가 이뤄냈던 모든 것들은 잃어버릴 수 있다.

영원한 것은 없다

내가 사업을 하면서 느낀 점이 하나 있다. 사업은 정말 평생해야 된다. 근데 평생해야 되는 것이 정말 어렵다. 아버지가 책을 쓰실 때나 미디어에서 강조하는 것이 있었다.

'35년 안경원 운영'

내가 사업을 하기 전에는 이 35라는 숫자의 의미를 몰랐다. 근데 내가 사업을 6개월 해보니 사업은 전쟁이었다. 그 전쟁 속을 35년 동안 쉬지 않고 달려오신 것이다. 세상에 영원한 것은 없다. 가역성의 원리는 단편적인 컨디션에 그치지 않는다. 인생 자체도 가역성의 원리는 적용된다. 끊임 없는 유지를 위해, 성장을 위해 반복해야 한다. 그래서 나는 K-리그 1 포항 스틸러스

명문 구단에 있다고 만족하지 않는다. 책을 한 권 냈다고 만족하지 않는다. 내가 아이웨어 브랜드 '루크아이'로 연매출 5억을 달성했다고 만족하지 않는다. 내가 만족하고 노력에 등한하는 순간 지금의 내가 가지고 있는 것을 잃어버린다는 것을 알고 있다. 지금의 나는 과거의 내가 노력했기 때문에 만들어진 상황이지 지금 내가 잘났기 때문이 절대 아니다. 그렇기 때문에 미래의 나도 에이스로 살아가기 위해서는 현재에 부단히 노력하지 않으면 안 된다.

단순히 일 중독처럼 보일 수도 있지만 운동할 때랑 마찬가지다. 휴가 복귀 후 체력 훈련으로 느끼는 고통보다 하루도 안 쉬고 내 컨디션을 유지하는 것이 더 좋다. 내 인생도 마찬가지이다. 한 번의 안일함으로 나태 지옥에 빠지는 것보다 매번 스스로에게 채찍질을 하며 유지하는 것이 좋다.

에이스 MZ가 되기 위해서는 만족하지 말고, 쉬지 말고, 지속적으로 해라. 조금씩은 쉬어도 된다. 다만 하던 일이 안된다고 내던지지 말고, 내 친구가 장기간 해외 여행을 간다고 즉흥적으로 떠나지 마라. 인생은 전쟁이다. '아차'하며 추락하는 것은 한 순간이다.

의식성의 원리
: 의식적 행동이 쌓여 내가 된다

의식성의 원리란?

의식성의 원리(Consciousness Principle)는 운동 수행 중에 수행자의 의식적인 인지와 집중을 통해 운동을 하는 것이 효과적이라는 원리이다. 이는 훈련자가 트레이닝의 과제를 명확하게 이해하고 운동 수단과 방법에 관한 내용을 정확하게 알면 트레이닝의 효과를 높일 수 있다는 교육학적 원리를 담고 있다.

운동할 때는 의식적으로 트레이닝에 적극성을 띠고 활동하지 않으면 안 된다. 모든 훈련 과제를 의식적으로 계획하고 실천할 때 자신이 무엇을 어떻게 해야 할지 이해가 빠르고 능률이 향상된다. 뿐만 아니라 운동 선수들의 기술이나 전술적인 부분도 쉽게 터득할 수 있는 것이다.

'루틴', 운동 선수들의 준비

운동 선수들은 훈련과 경기를 준비하는 과정이 있다. 흔히들 루틴이라는 말을 많이 들어봤을 것이다. 짧게는 하루의 루틴의 있고 길게는 주간 루틴이 있다. 루틴에는 정말 많은 것들이 들어간다. 일어나는 시간부터 밥 먹는 시간, 훈련 전 보강 운동의 형태와 시간, 훈련 후 보충 훈련의 형태와 시간 등 정말 사소한 것부터 시작해서 많은 것들을 준비한다.

나는 선수 생활 때 토요일이 경기일 경우 월요일부터 금요일까지 개인적인 몸 관리를 위한 준비와 계획을 세웠다. 예시로 월요일부터 수요일까지는 웨이트 트레이닝을 꼭 했다. 월요일과 화요일은 하체 위주로 하고 수요일은 상체와 조깅을 뛰었다. 목요일부터는 식단도 조절했다. 기름진 음식은 피했고, 20시 이후로는 그 어떠한 음식도 먹지 않았다. 기상과 취침, 심지어 낮잠 시간까지 일정하게 훈련 시간에 맞춰서 생활했다.

루틴은 경험의 축적이다. 여러 가지를 내 몸에 적용을 해보고 가장 좋은 패턴을 확립하는 과정이다. 또한 심리적으로 내 패턴대로 준비를 했을 경우 자신감도 가질 수 있다.

그런데 선수들만 루틴을 활용할까? 아니다. 지도자도 루틴을 활용한다. 현 FC 서울 감독이자 전 포항 스틸러스 김기동 감독님을 예로 들어보자. 김기동 감독님은 엄청난 '루틴주의자'이다. 한 가지 예시만 들어보자. 지도자들은 주간 계획을 짠다. 훈련 시간부터 훈련 구성, 훈련 장소 등 여러 가지 상황을 고려하여 계획을 한다. 김기동 감독님은 계획대로 준비한 과정을 통해 해당 경기를 승리하면 다음 경기 때도 똑같은 패턴을 유지한다. 기상 시간부터 식사 시간, 훈련 시간, 심지어 훈련 장소마저 똑같은 곳에서 한다. 더 디테일하게는 훈련 구성마저 똑같다. 출전 선수도 바꾸지 않는다. 동일한 루틴으로 좋은 컨디션을 유지하면서 결과를 가져오는 방법이다. 쉽게 생각하면 승리의 확률을 높이는 방법이다.

나만의 루틴 만들기

이러한 방법은 일반인들도 충분히 만들 수 있다. 루틴은 쉽게 생각해보면 계획이고 습관이다. 운동 선수들만 좋은 컨디션을 유지해야 하는 것은 아니다. 우리들 또한 좋은 성과를 내고 일을 하기 위해 항상 좋은 컨디션을 유지해야 한다. 일이 곧 인생이라는 것을 잊으면 안된다. 아무 생각 없이 억지로 출근하기 위해 일어나는 하루, 억지로 나오는 출근길이 아닌, 좋은 컨디션으로 회사를 가기 위한 내 기상 시간, 출근길의 계획, 아침 식사 계획 등을 하나하나 설계하여 요일별로 당신의 루틴을 만들어 가야 한다. 앞서 말했듯이 한 번에 만들 수 있는 것이 아니다. 여러 시도를 통해 당신만의 방법을 찾아가야 한다.

무의식보다 중요한 의식

자기 주도적으로 사는 사람이 있고 수동적으로 사는 사람이 있다. 주도적으로 사는 사람이 더 좋은 인생을 산다고는 할 수 없지만, 인생을 보람차게 살기 위해서는 주도적인 삶이 필요하다. 우리는 의식적으로 인생을 살아야 한다. 인생은 생각하는 대로 이루어지게 설계되어 있다. 또 우리 몸은 생각하는 대로 움직이며 반응한다. 안 된다고 생각하는 순간 우리의 뇌는 안 되는 방법들을 찾게 되어 있고, 된다고 생각하는 순간 우리는 되게 만드는 방법을 찾게 되어 있다.

내가 초등학교 때 읽은 책 《꿈꾸는 다락방》은 아직까지도 유명한 책 중 하나이다. 'R = VD(Realization = Vivid Dream)'라는 공식은 절대적으로 공감한다. 그럼 우리는 이렇게 말할 수 있다.

"무의식이 의식보다 중요하지 않아요?"

내가 앞서 말한 것 중 하나가 있다. 축구 선수의 순간적인 기술과 반응은 의식의 영역이 아닌, 뇌의 장기기억을 통한 무의식의 영역이다. 이 기술은 수많은 의식적인 반복 행위를 통해 만들어지는 무의식의 행위이다. 한 마디로 무의식이라는 습관적인 행동은 수많은 의식적인 행동을 통해 만들어진다. 그리고 그 의식적인 행동들이 쌓이고 쌓여 나라는 사람을 만들고 결과를 만들어낸다.

사장의 마인드

나는 본업은 코치라는 '직원'의 역할이고 사업을 할 때는 '사장'의 역할을 한다. 직원의 역할은 사장이 주는 역할을 수행하는 것이다. 나는 피지컬 코치이다. 감독님이 주는 역할을 잘 수행하는 것이 내 임무이다. 능동적인 직원이 유능한 직원이라고 다들 말하지만, 절대 적절한 선을 넘으면 안 되는 것이 직원이 첫 번째 임무이다.

하지만 사장은 다르다. 내가 사업을 하고 하나 깨달은 것이 있다면, 사업가는 눈 뜨고 잠들기 전까지 사업에 대한 생각을 한다는 것이다. 테슬라의 일론 머스크가 왜 그렇게 하루에 6시간만 자면서 일을 하는지 이해할 수 없었다. 하지만 내가 사업을 시작하고 인생을 주도적으로 사니 이해될 수밖에 없었다. 내 인생은 내가 이끌어가야 진짜 인생이라는 것을 느끼고 있다. 프로 지도자는 1년 계약직에 성적에 따라 언제든지 직장을 잃을 수 있기에 벼랑 끝에 서 있다는 느낌을 받는다. 그렇기에 사업과 별다를 것이 없다고 생각했지만, 막상 사업을 시작하고 경험해보니 차원이 다른 벼랑 끝이다. 하지만 진짜 인생을 살고 있다는 느낌을 받는다.

앞으로 에이스 MZ들은 자기 주도적인 인생을 사는 방법을 경험해보고 만들어가며 이뤄내야 한다. 그게 진짜 인생을 살기 위한 비결이다.

3장

당신을 에이스 MZ로 만드는 실천 솔루션!

"인생에는 한 가지 이치가 있다.

포기하는 만큼 돌아온다."

철저한 체력관리는
에이스 MZ의 기본이다

주기화 이론

주기화는 목표를 가지고 체계적인 계획 및 실행으로, 목표에 맞게 최상의 컨디션으로 퍼포먼스를 발휘하는 것을 뜻한다. 운동 및 스포츠에서 주기화는 특정 시기 혹은 경기, 시합에 최상의 컨디션과 능력을 발휘하기 위한 아주 중요한 이론이다. 주기화 개념 중 가장 중요한 것은 최상의 컨디션을 보여야 할 특정 시점에 맞추어 모든 일을 준비한다는 것이다.

주기화의 역사를 살펴보면, 과거 소련에서부터 그 유래를 살펴볼 수 있다. 소련은 2가지 기반을 인체에 적용했다.

첫 번째, GAS (General Adaptation Syndrome), 그리고 두 번째,

장기 중앙 집중 계획이었다. 그로 인해 소련은 1900년 중반에 독보적인 스포츠 강국으로서 국력을 과시할 수 있었다.

그 중 먼저 **일반적 적응 증후군**(GAS)에 대한 이해가 필요하다. 우리 인체는 스트레스 요인에 노출 될 때 3가지 일반적인 단계를 거친다.

1) 알림 단계

2) 저항 단계

3) 탈진 단계

우리가 운동을 할 때 자연스럽게 느끼는 자극들을 떠올려보면 이해하기 쉬울 것이다. 알림 단계에서는 신체가 스트레스에 의해 자극을 받고 운동 수행 능력이 저하되는 단계이다. 저항 단계는 신체가 스트레스에 대응법을 알고 적응하게 되어 운동 수행 능력이 향상되는 단계이다. 탈진 단계는 스트레스의 양이 신체가 받아들일 수 있는 수준을 넘어가 더 이상 대응하지 못하고 운동 수행 능력이 급격하게 떨어지는 것을 말한다.

이러한 GAS 이론을 기반으로 운동 주기화를 적용했다. 운동 자극을 주며 최고의 능력을 발휘할 몸을 만들고 적응하는 준비 단계, 시합에 대한 적응과 대응을 위한 전환 단계 혹은 시합 단계, 마지막은 부상이 오지 않게 조절을 하며 휴식을 취하는 두 번째 전환 단계이자 회복 단계이다.

그럼 모든 운동 선수들에게 똑같은 주기화가 적용이 되는가? 당연히 아니다. 종목의 특성에 맞는 형태가 필요하다. 올림픽 종목은 4년 주기로 주기화를 설정한다. 하지만 축구는 매 시즌 경기가 있고 매 주 경기가 있다. 그래서 유럽의 여러 지도자들이 축구에 맞는 축구 주기화를 만들었다.

나는 이 축구 주기화를 내 인생에 많이 적용한다.

인생을 온전하게 나로 사는 첫 번째 방법 : 금주

나는 내 인생에서 금주를 선언하고 있다. 술을 못 마시지는 않는다. 사실 아직 사회초년생이라 어쩔 수 없는 상황이 있지만, 그래도 선택할 수 있는 상황이라면 술은 절대적으로 거절을 한다. 가끔 진짜 MZ세대라는 말을 기성세대에서 들을 때도 있지만, 아랑곳하지 않는다. 2023 시즌이 끝나고 한 프로 팀의 강화 팀장에게 연락이 왔다. 제일 먼저 받은 질문이 술을 하는지 묻는 것이었다. 그 질문을 듣고 그 팀에 가고 싶은 생각이 사라졌다. 세상이 꼭 실력에 비례하지 않지만, 난 내 철학과 주관대로 밀고 나가서 정답을 찾아내고 싶기에 실력으로 평가 받고 싶다. 그렇기 때문에 내 주변의 사람과 모임도 마찬가지다. 나는 술을 즐기는 사람을 사귀지 않는다. 애초에 내 인생에서 술을 멀리하고 있다.

조금은 즐기면서 살 수 있지 않을까? 왜 이렇게 단호하게 행동하는지 아는가? 이유는 간단하다. 한 순간의 쾌락으로 내 컨디션을 망치고 싶지 않기 때문이다. 아무리 술에 대한 내성이 있다고 해도 술을 마시고 난 뒤에 인체의 컨디션은 정상적이지 못하다. 일주일 중 술을 마시고 노는 하루를 위해 나머지 6일을 망치고 싶지 않다. 온전한 나로 7일을 살고 싶다. 이를 위한 첫 번째 방법이 내 인생의 컨디션을 해치는 음주와 같은 일에 시간을 쓰지 않는 것이다.

인생을 온전하게 나로 사는 두 번째 방법 : 수면

현대인의 삶에 가장 큰 문제로 자리 잡고 있는 수면 장애는 우리 삶에 큰 문제를 초래한다. 나는 인간이 살아가는 데 가장 중요한 것 중 하나가 수면이라 생각한다. 밥을 며칠 굶을 수는 있어도 잠을 자지 않으면 살아갈 수가 없다. 아니 수면은 본인의 의지로 결정할 수 있는 부분이 아니다.

나의 대학교 시험 기간은 수면과 거리가 멀었다. 밤새 공부하고 주말 리그 축구 경기를 뛰었을 때는 내 몸이지만 몸을 컨트롤 하기가 너무 힘들었다. 그때부터 수면의 중요성을 가장 중요하게 생각하며 자는 시간과 일어나는 시간을 항상 일정하게 유지한다. 일종의 루틴 중 하나이다.

수면은 우리 컨디션에 중요한 역할을 한다. 수면은 인체의 유일한 휴식 시간이자 재충전 시간이다. 수면을 위해서 정말 중요한 이론 하나가 있다.

'서캐디언 리듬(circadian rhythm)'이라고 들어봤는가? 생체 리듬, 혹은 일주기 리듬이라 표현한다. 지구상에 존재하는 모든 생명체는 생화학적, 생리학적 그리고 행동학적 흐름이 24시간 주기로 나타나는 현상을 뜻한다.

좋은 수면을 가지기 위해서는 서캐디언 리듬이 매우 중요하다. 인체의 뇌 세포는 빛에 영향을 많이 받는다. 빛과 어둠에 따라 호르몬을 분비시키고 억제시킨다. 빛을 보면 스트레스 호르몬인 코티솔이 분비되고 어둠 속에서는 수면 호르몬인 멜라토닌이 분비된다. 하지만 현대 사회에서는 인공 빛으로 인해 밤에도 수많은 빛이 우리의 서캐디언 리듬을 무너뜨린다.

당신은 당신 인생을 위해 좋은 수면을 할 수 있는 계획과 관리를 하는가? 나는 밤마다 냉온욕을 한다. 나는 수면 1~2시간 전에 수면 안경을 착용한다. 수면에 도움을 주는 향을 피운다.

다시 한번 생각해봐라. 일의 능률에는 좋은 컨디션이 매우 중요한 역할을 하는데, 당신은 좋은 컨디션을 위해 어떤 노력을 하는지 말이다.

연간 체력 계획을 세워라

나는 피지컬 코치이기 때문에 팀을 맞게 되면 제일 먼저 진행하는 것이 바로 연간 주기화이다. K-리그는 월드컵과 같은 단판성 경기가 아니라 1년 동안 진행되는 형태이다. 그렇기 때문에 1년 동안의 체력 관리가 매우 중요하다. 연간 경기 일정을 확인하고 그 경기에 맞춰서 큰 틀의 훈련량과 강도를 설정한다. 그리고 분기별로 나눈다. 각 분기에 맞게 훈련의 양과 강도를 설정한다. 그리고 월별로 나눈다. 각 월에 맞게 훈련의 양과 강도를 설정한다. 그리고 주간으로 나눈다. 각 주에 맞게 훈련의 양과 강도를 설정한다. 이것이 피지컬 코치가 연간 체력 계획을 하는 장주기(macro cycle), 중주기(meso cycle), 단주기(micro cycle)의 기본적인 방법이다. 이러한 방법으로 축구 선수들은 1년 동안 지치지 않는 체력 관리를 한다.

선수는 아파도 리더는 아프면 안 된다

그렇다면 여기서 내가 왜 축구 선수들의 몸 관리를 여러분들께 설명하고 있는 것인가? 바로 당신도 당신의 인생을 주도적으로 열심히 살고 싶다면 제일 먼저 해야하는 것이 체력 관리이기 때문이다.

나는 선수 시절보다 지도자 시절에 몸 관리를 더 많이 한다. 특히 질병에 엄청 예민하다. 마지막 감기가 기억이 안 날 정도이다. 심지어 코로나 기간에도 코로나에 걸리지 않았다. 본래 안 아픈 체질이 아니냐고? 절대 아니다. 나는 분기가 지날 때마다 감기를 달고 살던 사람이다. 그런데 어떻게 지도자가 된 뒤로 감기에 걸리지 않았냐고? 일에 대한 책임감 때문이다.

선수는 개인의 몸 관리를 위주로 생각하면 된다. 선수 한 명이 감기에 걸린다고 팀 스케줄에 큰 문제가 되지 않는다. 하지만 내가 다치고 아픈 순간 30명 이상의 선수가 훈련을 하지 못한다. 지도자의 책임감으로 나는 내 컨디션 관리와 면역력에 더 신경을 쓴다.

에너지를 분배해 번아웃을 방지하라

당신은 당신의 인생을 위해 체력 관리를 어느 정도로 하고 있을까? 아마 나처럼 계획적으로 사는 MZ는 단언컨대 없을 것이다. 프로 N잡러를 번아웃 없이 할 수 있는 나만의 방법은 바로 주기화이다.

새해가 되면 남녀노소 공통적으로 연간 목표를 적어갈 것이다. 대학 합격, 취업을 위한 각종 자격증, 다이어트 등 각자의 목표를 적는다. 나도 매년 내 목표를 적는다. 그런데 거기에 추가하여 나의 연간 계획을 큰 틀로 작성한다. 그리고 해당 계획의 마감일자를 작성한다. 그리고 그 일정에 맞게 내 에너지 소비 계획도 추가한다.

예를 들어, 내가 책 출간 일정을 9월로 잡았다고 가정해보자. 그러면 9월 목표 일정에 맞게 매달 내가 글을 써야 할 분량을 적절하게 다른 일정과 대조하여 기입을 하고 마감 일정도 정확하게 정한다. 그리고 100을 기준으로 할 때 그 시기에 내가 쏟아야 할 에너지를 얼마나 쓸지도 정한다. 절대 내 에너지를 함부로 소비하지 않는다. 연간 목표라고 전부 같은 에너지가 필요한 것은 아니다. 우선순위가 있을 것이고 당연히 그 우선순위에 더 많은 에너지를 쏟아야 일의 능률이 오를 것이다.

단기적으로도 마찬가지다. 매일 컨디션이 좋을 수는 없다. 내 주간 일정을 확인한 후 에너지 분배를 어떻게 할지 고민을 하고 실행을 해야 한다. 마치 게임 캐릭터와 같다. 매 순간 내 체력 게이지를 확인해야 한다. 다들 내가 슈퍼맨과 같은 무한한 에너지를 가졌을 것이라고 생각하는데 절대 아니다. 나는 철저하게 나를 통제하고 있는 것뿐이다. 이렇게 관리를 해야 번아웃이 오지 않고 항상 일을 할 수 있으며 내가 원하는 시기에 최상의 컨디션으로 일을 할 수 있다.

진짜 에이스 MZ가 되기 위해서 컨디션 관리는 필수이다. 당신은 인생을 열심히 살기 위한 준비로 어떤 노력을 하고 있는지 돌이켜보며, 진짜가 되기 위한 나와 같이 준비를 했으면 한다.

컨디션이 안 좋을 때의 플랜 B가 필요하다

가끔 프로 선수들을 보면 신기한 경우가 있다. 분명 주간 훈련 때 컨디션이 좋지 않았다. 부상 통증이 있거나 감기 몸살로 고생을 하고 있었다. 근데 주말 경기장에서는 180도 다른 사람이 되어 있는 것이다. 한 주 동안 아팠던 모습은 어디로 가고 정말 팔팔해 보이게 경기를 하고 있다. 나는 기복이 큰 선수는 아니었지만 컨디션이 안 좋으면 경기력이 안 나왔다. 그렇기 때문에 컨디션이 안 좋은데 좋은 퍼포먼스를 낼 수 있는 방법이 너무나 궁금했다. 당연히 그 선수에게 물었다. 돌아오는 대답은 이랬다.

"나도 원래 컨디션이 안 좋으면 경기력이 떨어졌어. 근데 한 선수가 이렇게 말하더라.

'어떻게 매번 좋은 컨디션으로만 경기를 뛸 수 있어? 나는 안 좋은 컨디션 속에서 경기를 하는 방법도 준비해.'

그 선수의 말을 듣고 나도 컨디션이 안 좋아도 경기력을 유지 할 수 있는 방법들을 시도했고 이제는 컨디션이 안 좋아도 슬기롭게 경기를 대처할 수 있는 노하우가 생겼지."

컨디션 관리는 매우 중요하다. 하지만 통제했음에도 불구하고 컨디션이 좋지 않다고 시무룩하지 말라. 인생은 뜻대로 되는 것보다 뜻대로 되지 않는 것들이 더 많다. 그럼 뜻대로 되지 않았을 때의 대응법도 같이 고민할 필요성은 있다.

자신만의 철학을 만들어라
: 동기부여 영상과 글을 보고 써라

편리함은 알고 보면 중독이다

스마트폰 없이 사는 삶을 생각해본 적 있는가? 우리 MZ세대는 스마트폰이 없는 삶을 살다가 스마트폰이 있는 삶을 경험해본 세대이다. 하지만 스마트폰이 없는 시절로 돌아가서 살라고 하면 백이면 백 힘들다고 할 것이다.

최근 읽은 책 중 애나 렘키의 《도파미네이션》이 인상 깊었다. 우리의 삶에는 수많은 중독이 있다. 국어 사전에는 중독을 세 가지로 분류해 정의했다.

- 생체가 음식물이나 약물의 독성에 의하여 기능 장애를 일으키는 일.
- 술이나 마약 따위를 지나치게 복용한 결과, 그것 없이는 견디지 못하는 병적 상태.
- 어떤 사상이나 사물에 젖어 버려 정상적으로 사물을 판단할 수 없는 상태.

이 기준으로 내 삶을 판단해 볼 때 나의 인생은 수많은 것에 중독돼 살고 있다고 할 수 있다. 어쩌면 인생을 살아가는 것이 중독된 상태라는 생각이 든다. 인간은 누구나 쾌락과 행복을 위해 살아간다. 여기서 중요한 한 가지는 쾌락과 행복을 위해서는 뇌의 도파민 호르몬이 분비되어야 이와 같은 느낌을 받을 수 있다는 점이다. 한 마디로 도파민이 곧 인생의 목적을 위한 필요조건인 것 같다는 생각이 든다.

도파민과 중독을 사람들은 안 좋게 생각한다. 《도파미네이션》에서도 뇌의 회복을 논의하고 솔루션을 제공한다. 물론 SNS와 부적절한 약물은 간단한 행동으로 큰 보상을 느낄 수 있기에 뇌에 악영향을 끼친다고 한다. 나도 나 자신이 SNS 중독이라는 것을 느낄 정도로 핸드폰을 만진다. 자기 직전까지 스마트폰으로 무언가를 한다. 눈이 떠지는 순간 핸드폰의 위치를 확인한다. 나뿐만 아니라 모든 현대인들의 공통점이라는 생각이 든다.

피할 수 없으면 즐겨라

온라인 쇼핑몰을 시작한 뒤 SNS에 대한 중독과 스마트폰의 의존도는 날로 커졌다. 스마트폰을 하는 시간이 곧 업무 확인을 위한 시간과 같기 때문에 스스로를 중독이 아니라고 합리화하지만, 나도 명백한 스마트폰의 노예이다. 하지만 어쩔 수 없다. 현대인들은 이를 제외하고 살 수 없는 문화이다. 그래서 나는 중독에 더 빠지기로 결심했다. 그리고 중독을 이롭게 활용할 수 있는 방안을 생각했다.

첫 번째가 바로, 동기부여 영상 보기이다. 나는 아침에 일어나서 제일 먼저 하는 것이 동기부여 영상을 보는 일이다. 나는 유튜브를 즐겨보지 않는다. 즐겨보지 않는다고 내가 쇼츠나 릴스와 같은 짧은 중독을 싫어하는 것이 아니다. 나만의 뇌에게 쉬운 보상을 주지 않기 위한 발악 정도로 생각하면 된다. 대신 동기부여 영상을 아침부터 보면 오늘 하루도 나태하지 않게 살기 위한 따끔한 말들을 듣는다. 인간은 망각의 동물이다. 아무리 내가 다짐을 하고 자도, 일어나면 다짐을 하기 전과 마찬가지일 때가 있다. 괜히 작심삼일이라는 말이 있는 게 아니다. 그런데 이런 영상을 보면 날마다 작심삼일을 하게 되니, 작심의 효과가 점차 연장되다가 언젠가는 습관으로 자리잡기를 바라는 것이다.

한편 나는 운동 선수들의 동기부여 영상은 즐겨보지 않는다. 같은 분야의 사람보다는 타 분야가 새로운 자극을 준다. 주로 온라인 강사들의 말을 많이 듣는다. 특히, 공무원 한국사 강사 전한길 혹은 정승제 선생님 말을 많이 듣는다. 운동 선수만큼 독하게 공부하는 집단이 공무원 준비하는 분들 혹은 수능을 준비하는 학생들이라 생각한다. 그런 집단의 심리를 관리하는 강사들은 보통 수준이 아니라 생각한다. 매일 아침마다 전한길 선생님의 강의 영상을 짧게 들으면 정신이 번쩍 든다. 그분의 말씀을 들으면 정말 노력한 삶을 살아왔다는 느낌을 받는다. 진심이 느껴진다.

독서는 성공의 컨닝페이퍼다!

뻔한 소리 하나를 하겠다.

"책을 읽어라"

책을 읽으면 뭐가 좋아요? 그 사람의 삶을 알 수 있다. 나는 사회 생활을 하지 않는다고 했다. 대신 책을 통해 배운다. 사람이 일을 하는 데, 인간이 성공하는 데 세부적인 과정은 다를 수 있으나 진리는 같다.

레이 달리오의 《Principles(원칙)》에서도 성장의 조건은 '시작(도전) ⇨ 실패 ⇨ 수정 ⇨ 재도전'의 무한 반복이라 한다. 모든 자기 계발서와 동기부여 저서에서도 표현은 다르지만 핵심은 같다. 도전하고 실패하고 극복하고 성공한다. 당신의 성공 과정도 마찬가지이다. 그들이 겪은 과정을 겪어야 하고 결과물을 만들어야 한다. 우리는 처음 경험했기 때문에 다소 서툴 수가 있다. 하지만 그들의 노하우가 책 속에 다 들어있기 때문에 그것을 참고해서 상황을 극복하면 훨씬 쉽게 시련을 이겨낼 수 있다.

인생 도사가 되어라

단순히 책만 읽는다고 시련을 극복할 수 있을까? 나는 항상 책을 읽고 내 상황에 대조하고 예측하는 글을 적는다. 독후감이라고 생각할 수도 있겠지만, 내가 적는 글은 저자의 생각에 공감이 됐기 때문이다. 그의 생각을 나의 생각으로 바꾸는 과정을 나는 글로 적는 것이다. 대부분의 사람들은 그냥 읽고 생각에서 멈춘다. 하지만 글을 읽고 생각하고 글을 적고 기록으로 남겨둔다면 당신의 철학을 정립하는 아주 중요한 시간이 될 수 있다. 내 인생은 책을 쓰기 전과 책을 쓰고 난 후로 나뉜다.

삶의 격이라는 말을 들어봤는가? 인간에게도 격이 있다. 사회는 이를 학력으로 많이 나눠둔다. 중졸, 고졸, 학사, 석사, 박사. 하지만 사회를 살다 보면 박사가 꼭 격이 높다는 생각을 가지진 않는다. 세상의 기준은 지식 수준으로 정했는지 모르지만, 삶은 지식으로만 나눌 수 없다.

중요한 것은 '지혜'이다. 나는 지혜를 경험이자 철학이라 생각한다. 얼마나 많은 경험을 했고 본인의 철학과 기준이 얼마나 명확하고 흔들리지 않는지가 중요하다. 인생의 하수들은 기준이 없다. 자신의 철학이 없다. 그렇기 때문에 어떤 유혹이 오면 흔들린다.

나는 글을 쓰면서 내 가치관과 철학을 정립한다. 인생을 돌이켜보고 생각을 정리하며 타인에게 전달하기 위해서는 스스로의 철학이 확고해야 한다. 나는 이런 과정을 "도사가 돼라"라고 표현한다. 당신에게 책을 쓰라는 말이 아니다. 적어도 인생의 도사가 되기 위한 과정으로 책을 읽고 당신의 인생에 적립하여 생각해보며 글로 적어라. 이 과정을 반복하다 보면 당신은 어떠한 상황에서도 흔들리지 않는 묵직한 인생 도사가 되어 있을 것이다.

메모는 성공을 위한 최고의 비서

사는 바쁘게 사는 사람들의 두드러진 특징 중 하나는 '메모하는 습관'이다. 나도 메모를 즐겨하는 사람은 아니었다. 하지만 바쁘게 살다 보니 메모하지 않고는 살아갈 수 없었다. 왜? 정말 바쁘게 살면 수많은 아이디어와 생각 그리고 계획, 약속 등이 수시로 생긴다. 메모를 하지 않고 살면 좋은 아이디어도 가볍게 넘어간다. 하지만 메모를 해두고 나니 내 생각들을 계속 상기하고 적용하게 된다.

메모하는 습관은 만들어가는 것이 아니다. 그저 내 삶을 바쁘게 살면 자연스럽게 생기는 현상이다. 버릴 아이디어는 없다. 나는 핸드폰보다는 메모지를 사서 수기 작성하는 것을 권장한다. 기억에 더 오래 남기 때문이다.

성공하려면 멘토를 만들어라

우리 MZ들이 하는 흔한 착각이 있다. 혼자 힘으로 성공할 수 있다는 이기적인 생각이다. 과거에는 전문가를 찾아다니며 기술을 배웠다. 하지만 현대 사회는 정말 배울 수 있는 곳이 많다. 미디어가 될 수도 있고 학원이 될 수 있다. 심지어 직장에서도 일을 알려준다. 그럼에도 불구하고 우리 MZ들은 찾아다니지 않는다. 이것은 단순히 시간이 지나면 자연스럽게 호봉이 올라가고 급여가 올라가는 한국 문화에 젖어 있기 때문이라 생각한다. 하지만 경제활동은 하는 만큼 또 능력만큼 받는 것이 당연하다. 능력이 안되면 급여는 감소될 수 있다.

내가 속한 프로의 세계는 이를 명확하게 보여준다. 프로 선수들은 매 시즌 각자의 기록으로 연봉 협상을 한다. 총 뛴 경기수, 기여도, 공격 포인트, 세이브 포인트 등 각종 자료를 통해 협상을 한다. 좋은 퍼포먼스를 보이면 연봉이 기하학적으로 올라간다. 반대로 부상 혹은 주전 경쟁에서 밀려 경기를 뛰지 못한다면 기하학적으로 떨어진다. 방출이라는 최악의 결과를 겪을 수도 있다.

은퇴를 준비하는 과정에도 마찬가지다. 몸값이 수억을 받다가도 에이징 커브를 겪으며 연봉이 줄어든다. 30대 초중반에 마치 경제 활동이 끝난 60대 시니어와 같은 경험을 일찍 한다.

나는 앞으로의 시대는 더욱 실력이 중시될 것으로 예측한다. 우리는 이러한 사회적 현상을 겸허하게 받아들일 준비가 되어 있어야 되고, 이런 현상 속에서 진짜 자신을 만들어가야 한다.

하지만 이것은 혼자 절대로 만들 수 없다. 그렇기 때문에 나는 멘토를 찾는 것을 추천한다. 멘토는 당신의 분야의 최고가 될 수 있고, 선배가 될 수 있으며, 후배가 될 수도 있다. 진짜 도사를 찾는 견문도 필요하다.

나는 운이 좋게 도사 부모님을 만나 힘들 때면 내 방향성을 잡을 수 있었다. 물론 내가 부모님의 말을 전부 듣고 수용하는 것은 아니다. 그저 참고를 하며 계획한다. 당신의 인생은 멘토는 누구인가? 딱 떠오르는 한 사람에게 최선을 다해라. 없다면 최선을 다할 사람을 찾아라. 그리고 그들의 말을 참고해라. 그것만큼 인생의 지름길은 없다. 다소 우리의 입장에선 꼰대미가 느껴질지 모른다. 하지만 그 또한 새겨들어라. 당신이 멘토로 정했다면.

이렇게 우리가 앞으로 살아가야 할 시대는 중독에 빠져야 한다. 중독에 빠지며 진짜 나 자신을 찾아갈 방법이 필요하다. 이것은 내가 나 자신을 찾아가는 방식이다. 당신도 당신만의 방식을 고찰하고 시도해라. 어렵다면 나처럼 아침마다 동기부여 영상을 들으면서 열정에 불을 지피고, 책을 읽으며 생각을 하고, 글을 써라. 그리고 멘토에게 조언을 구해라. 이것이 내가 인생을 살아가는 지름길이다.

플래너 쓰기와 사색을 생활화하라

: 주도적인 삶

내가 플래너를 쓰게 된 계기

인간은 망각의 동물이기 때문에 특정 목적과 목표가 있다면 그것을 매일 상기하는 것이 중요하다. 목적과 목표를 상기하며 자신의 삶을 통제한다면 그것은 남들과 차이나는 인생을 조금씩 만들어간다. 나는 매일 내 일정을 상기하기 위해 플래너를 작성했다. 거창하게 플래너를 사서 꼼꼼하게 적는 것이 아니다. 그냥 이면지를 활용해서 적었다.

플래너를 처음 썼을 때가 대학교 시절이었다. 1학년 1학기 때 교양과목으로 '기업가 정신'이라는 수업을 들었다. 그때 당시 교수님은 첫 수업인 오리엔테이션에서 나의 자존심을 건드렸다. 인간은 그릇이 매우 중요하다고 하셨다. 그리고는 500ml 페트병의 뚜껑을 따고 그 조그마한 뚜껑에 물을 붓기 시작했다. 당연히 물은 흘러 넘쳤다. 그리고는 말씀하셨다.

"내가 아무리 많은 것을 알고 너희에게 가르쳐준다 한들 너희의 그릇이 이 물병의 뚜껑과도 같다면 아무것도 담지 못할 것이다."

오리엔테이션이 끝나고 교수님을 찾아갔다.

"교수님, 그럼 교수님이 생각하실 때 제가 어떻게 해야 그릇을 키울 수 있을까요?"

그때 교수님은 플래너를 쓰는 방법을 알려주셨다. 매일 자기 전 A4용지에 내일 할 일을 적고, 그 다음 날 그것을 했는지 안 했는지, 또 했으면 어떻게 했는지, 못 했으면 왜 못했는지 작성하고, 했을 때까지 꾸준히 적으면서 스스로를 피드백 하라고 하셨다.

누군가는 '에이, 뭐 이런 걸로 내 그릇을 키우냐'고 할지언정 고등학교까지 엘리트 체육 문화에서 처음 벗어나 본 나는 일단 뭐라도 해보자는 생각으로 정말 꾸준히 했다. 학과 사무실에 남은 이면지를 항상 챙겨서 매일 밤마다 적었다. 2014년부터 취업을 하게 된 2023년도 전까지 9년 동안 하루도 빠짐 없이 적었다. 내가 내 인생을 주도적으로 살 수 있게 된 방법은 아주 간단하다. 이면지와 펜 그리고 매일을 돌이켜 보는 꾸준한 시간만 있으면 된다. 당장은 모르겠지만 매일 조금씩 하는 자체 피드백이 당신의 미래를 크게 바꿀 것이다.

시간 낭비를 줄여라

궁극적으로 내가 10년 가까이 플래너를 쓰면서 느낀 것이 하나 있다. 우리는 물질에 가치가 있다 없다를 정할 때 기준이 유한함에 있다고 생각한다. 세상에서 가장 값비싼 물질 다이아몬드. 이 다이아몬드가 비싼 이유는 세상에서 가장 강한 물질이기 때문도 있지만 수량이 한정적이기 때문이라고 생각한다. 한정적일수록 그 물질의 가치는 높다. 시장의 돈도 유한하기 때문에 가치가 있다. 그래서 우리는 돈이 아깝다는 소리를 많이 한다. 그래서 어떤 특정 물건을 살 때 가성비를 따지면서 또 가치소비를 고려하고 효율적인 것을 생각한다.

그런데 우리 인간이 유한한데도 불구하고 굉장히 관대하게 대하는 것이 하나 있다. 바로 '시간'이다. 생각보다 우리는 유한

한 시간을 침대에서 생각 없이 스마트폰과 함께 보내고 내 삶을 타인에게 의지하며 살아간다. 내가 플래너를 쓰면서 느낀 것은 시간을 내가 원하는 대로 사용할 수 있다는 것이다. 한마디로 시간 낭비가 줄어든다. 당연히 플래너를 쓰더라도 주도적으로 살지 않을 수 있다. 하지만 확률적으로 주도적일 가능성이 높다는 것이다.

사장이 되고 싶다

많은 사람들이 사장보다는 직원이 편하다고 한다. 솔직히 틀린 말은 아니다. 편안함만 따지자면 직원이 더 좋을 수 있다. 직원과 사장의 책임의 무게는 차원이 다르다. 그럼에도 불구하고 나는 내 인생을 주도적으로 살기 위해 사장이 되고 싶다.

나는 플래너를 취업 전까지 적었다. 취업 후에도 몇 달은 썼었다. 근데 플래너를 쓰다 보니 내 시간을 내가 활용하는 것이 아닌 팀 일정에 맞춰 쓰게 되는 것이었다. 일반 회사는 정해진 시간과 일정에 따라 움직일 수도 있지만, 내가 속한 있는 집단의 특성이며 장점이자 단점은 탄력적 근무 시간이다. 시간이 언제 어떻게 바뀔지 모르다 보니 내 시간을 내가 통제하기 매우 힘들었다. 그리고 깨달았다.

'직원으로 사는 삶은 주도적이지 못하구나.'

아직도 나는 직원이다. 코치는 감독이 원하는 방향성대로 일을 해야 하고 준비를 해야 한다. 물론 본업을 제외한 시간에는 최대한 주도적으로 살려고 노력 중이다. 하지만 제한적이다. 우리는 우리의 삶을 주도적으로 살 수 있는 시대에 살고 있다. 기회가 없다고 하지만 사실 기회는 많다. 작은 것부터 시작해 사장이 되기 위한 삶을 그려보자.

주도적인 삶을 위한 공부

이 책의 독자는 대부분 학생들이라 생각된다. 나는 10대 시절 또는 대학생 시절로 돌아간다고 하면 제일 시간 투자를 많이 하고 싶은 것이 공부이다. 내 10대의 대부분의 시간은 축구와 함께했다. 학생 선수 제도로 인해 수업을 들어갔지만, 나는 대부분의 시간을 수면 또는 독서로 보냈다. 나도 제도화된 수업을 왜 해야 되는지, 공부를 왜 해야 하는지 몰랐다. 근데 10년이 지난 지금 왜 그렇게 공부를 해야 되는지 알았다.

공부는 우리의 삶을 주도적으로 만들 수 있는 기본적인 요소이다. 10대와 20대의 공부는 삶에 아주 큰 무기가 될 수 있다. 10대의 독서가 나를 작가로 만들었다. 대학생 때의 공부가 나를 20대 유일의 프로 피지컬 코치로 만들어 주었다. 20대의 공부가 나를 사업가로 만들어 주었다. 20대의 언어 공부가 나의 사업의 시야를 국내 시장이 아닌 해외 시장까지 넓혀준다. 아는 만큼 보이고 아는 만큼 할 수 있다. 이때 아는가 모르는가를 결정짓는 능력을 만들어주는 것은 10대의 기본 지식이자 공부이다. 여러분들의 지금 10대 공부의 목표를 좋은 고등학교, 좋은 대학교, 대기업이 목표가 아니라 주도적인 삶을 위해 내 툴을 만드는 기본이라고 생각하자. 툴이 많으면 많을수록 성공을 이룰 수 있는 가능성이 높아진다.

사색의 비밀

당신은 당신의 미래를 위해 생각하는 시간을 하루에 몇 분 투자하고 있는가? 대부분의 사람은 이 시간을 정해두지 않는다. 수동적으로 상황이 만들어지면 고민한다. 이게 대부분 인간의 습성이다. 마지막으로 산책한 적이 언제인가? 뭐 매일 운동 삼아 산책을 할 수도 있다. 학교 끝나고 집으로 가는 길을 산책이라고 할 수도 있다.

근데 내가 여기서 말하는 산책은 핸드폰 없이 전자기기 없이 하는 산책을 말한다. 우리는 이미 스마트폰에 시간을 빼앗긴 세대다. 스마트폰의 넓은 척하는 작은 세상에 갇혀서 더 큰 세상을 볼 수 있는 기회를 뺏기고 있다. 내가 말하는 더 큰 세상은 상상이라는 세상이다. 상상은 끝없는 세계를 창조할 수 있다. 우리는 생각한대로 움직이고 결과를 만들어내는 존재이다. 하지만 대부분의 인간은 생각을 멈추고 있다.

옛 조선 시대의 선비들과 양반들은 사색의 시간을 많이 가졌다고 한다. 사색의 시간 속에서 글귀를 떠올리고 철학을 만들었다고 한다. 이 이야기를 듣고 나는 꾸준한 습관을 가지고 있다. 아침에는 산책 그리고 저녁에는 가벼운 조깅을 한다. 이것은 건강을 위한 산책과 조깅이 아니다. 주도적인 삶을 위한 행위이다. 여기서 중요한 사항이 한 가지 있다. 10분이면 10분, 20분이면 20분, 시간이 중요한 것이 아니다. 스마트폰 없이 온전히 나 자신을 자연에 던져둔다. 나도 처음에는 불안을 느꼈다. 어색한 것이다. 하지만 습관적으로 하다 보니 생각할 시간을 만들기 시작했다.

여기서 반박할 수 있는 생각이 있다.

'꼭 산책을 하며 생각을 해야 되나요?'

정답은 "네"이다. 미국에서 재미난 실험을 했다. 집 구조에 따른 아이들의 창의력을 비교해봤다. 여기서 나타난 결과는 집의 천장이 높을수록 아이들의 창의력이 높다는 것이다. 한마디로 땅을 보면서 생각하는 것 또는 스마트폰을 보면서 생각하는 것보다 하늘을 보면서 생각하는 것이 훨씬 더 다양한 생각을 많이 만들어낸다는 것이다.

우리는 삶을 주도적으로 살기 위해서 산책과 조깅이 필요하다.

매일 지출 일기를 써라
: 복리의 법칙

돈의 목적 : 나의 가치 증명

여러분들이 돈을 버는 목적은 무엇인지 궁금하다. 의식주를 위한 행위 또는 무언가를 이루기 위한 목표 등 여러 이유가 있을 것이다.

나는 부자가 되고 싶고 돈을 많이 벌고 싶다. 근데 내가 돈을 버는 목표는 단 한 가지이다.

'증명'

사실 나는 내 통장 잔고를 크게 신경 쓰지 않는다. 팀에서 연봉 협상을 할 때도 사실 내가 얼마를 받는지 크게 신경을 쓰지 않는다. 남들 전부 월급날을 손꼽아 기다리지만 나는 항상 월급날이 지난 후에 월급이 들어온 것을 인지하는 상황이 잦다.

그럼 나는 왜 부자가 되고 싶어하는 것인가? 앞서 말했던 증명이다. 돈은 단지 내가 열심히 살았다는 증명 또 내 철학이 정답이라는 것을 증명하는 수단이라 생각한다. 우리는 개인의 시간과 에너지를 지불하고 돈이라는 가치를 물질적으로 받는다. 돈이 많다는 것은 그만큼 노력과 시간 그리고 에너지를 지불했다는 뜻이다.

나는 내 주변의 친구들처럼 비싼 호텔 조식을 먹는 것을 목표로 하지 않는다. 해외 여행을 다니기 위해 경제 활동을 하지 않는다. 비싼 명품을 위해 살지 않는다. 오로지 나 자신을 위한 증명의 수단으로 경제 활동을 한다.

사실 세상을 살면서 잘 살았다는 것을 증명하기는 어렵다. 여기서 말하는 증명은 남들에게 보여주기 위함이 아니다. 오로지 나 스스로에 대한 상태 확인을 위한 수단인 것이다. 인간은 스스로가 잘 살고 있는가에 대한 기준과 확인을 하기 힘들다. 각자 삶의 목적이 부자가 아니어도 된다. 다만 내가 쓰는 에너지와 노력에 대한 결과물을 받는 것이 중요하다는 것이다.

지출을 극단적으로 통제하라

내가 가진 20대에 가장 좋은 습관 중 하나는 지출 통제라고 생각한다. 사실 누군가 가르쳐주진 않았지만 어릴 때 브라질 생활의 경험으로 경제 관념의 중요성을 배웠고 아버지가 사업을 했기 때문에 아버지보다 부자가 되기 위해서는 어떻게 해야 되는지 고민을 많이 했다. 결국 내가 할 수 있는 상황에서 최선의 선택은 저축이었다.

20살 때 부모님께 받은 용돈이 50만 원이었다. 매달 정확하게 일자를 정해서 주셨다. 나에게는 월급과도 같은 개념이었다. 하지만 대학생이 50만 원으로 생활하기는 쉽지 않았다. 그래서 추가적인 수입이 필요했다. 대학생들이 하는 보편적인 아르바이트는 학생 선수 생활 중에는 어려웠다. 대신 금요일에 주말 리그가 끝나고 외박을 받는 토요일과 일요일을 활용해 울산에서 심판 활동, 부산에서 축구교실 지도자 활동 등으로 월평균 100만 원씩 수입을 만들었다.

대부분의 20대 초중반이라면 금수저가 아닌 이상 나와 비슷한 상황에 놓였을 것이다. 그럼 여기서 다른 친구들과 차별성을 가질 수 있는 것은 바로 '지출 통제'이다. 나는 평균 100만 원의 수입을 가졌다. 그리고 한 달에 최대 쓸 수 있는 비용은 50

만 원으로 잡았다. 그리고 나머지 50만 원은 저축을 했다. 50만 원으로 식비, 교통비, 통신비 등 대부분의 비용을 해결했다. 하루에 쓸 수 있는 돈은 1만5천 원으로 잡았다. 교내 기숙사 식당은 1끼당 3천 원이었다. 아침, 점심, 저녁 9천 원에 나머지 6천 원은 최대한 저축하여 주말에 쓸 수 있는 돈을 모았다. 일주일에 6일을 이렇게 살면 주말에 여유롭게 5만 원 정도의 돈을 쓸 수 있다.

하지만 가장 중요한 사항은 기록이다. 인간은 기록하지 않으면 쉽게 잊는다. 그래서 나는 밤마다 지출 일기를 작성했다. 내가 소비한 사소한 지출까지 자세하게 적었다. 지출 시간, 지출 내용, 지출 금액 등을 기록하면 내가 하루의 소비를 확인할 수 있고 소비할 때의 감정까지 상기할 수 있다. 그 지출이 정말 필요했던 지출인지 정확하게 느낄 수 있다. 어떤 영상에서 이렇게 말했었다.

"인간은 절대 효율적인 소비를 할 수 없다."

절대적으로 공감한다. 그렇기 때문에 생각보다 지출을 하지 않고 살아갈 수 있었다. 이렇게 군대 가기 전까지 지출을 통제하는 습관을 만들었다.

습관이라는 것은 아주 재밌다. 20살에 나는 월평균 100만 원 중 50만 원을 쓰고 50만원을 저축했다. 10년이 지난 지금

월평균 1천만 원을 번다고 가정해보자. 아직도 내 용돈의 한도를 50만 원으로 잡고 생활한다. 나머지 950만 원이 잉여자금이다. 30살에 어떻게 한 달 용돈을 50만 원밖에 안 쓰냐고? 사실 크게 쓸 일을 모르겠다. 밥은 직장에서 해결된다. 옷도 직장에서 준다. 생활 공간도 직장에서 준다. 365일 중 365일을 일하다보니 돈 쓸 일이 없다. 얼마 전 충격적인 사실을 알게 되었다. 옷장을 열어서 확인해보니 대부분의 사복이 기본 5년 이상 입던 옷인 것이다.

이제는 50만 원 지출이 습관이 되었다. 앞으로 내가 월 1억을 벌더라도 나는 50만 원을 쓰고 있을 것 같다. 단순히 돈 쓰는 것에 인색한 게 아닌, 그냥 내 인생의 습관과 같은 행위이다.

소비가 아니라 경험에 투자하라

많은 MZ들이 큰 소비를 한 뒤에 하는 말이 있다.

"나는 경험을 위한 소비를 했어요."

내 주변 사람들도 SNS에 해외 여행을 가는 모습, 오마카세를 예약해서 먹는 모습, 명품을 온 몸에 감고 찍은 사진 등 내가 보기엔 수많은 사치들을 자랑과 같이 글과 사진으로 올린다. 그리고 난 질문을 한다.

"아깝지 않아?"

그럼 대답이 대부분 자신의 경험을 위함이라고 한다. 남들이 하지 못한 경험을 통해 미래를 위한 투자라고 한다.

근데 내가 생각하는 경험에 투자라는 건 해외 여행으로 실현되는 게 아니다. 오마카세를 보면서 아이디어를 얻는 것이 아니다. 내가 생각하는 에이스 MZ들의 경험은 소비를 통해서 오는 것이 아닌, 본인이 하고 싶은 일에 대해 준비하고 도전하며 실패를 해보고 극복을 하는 경험에 투자를 해야 된다는 것이다. 돈이 아닌 자신의 시간을 투자해야 된다. 이런 여러 경험에 대한 투자 과정 이후에 본인이 저축한 돈으로 진짜 도전해야 하는 시기가 필요하다. 그때까지는 소비를 통한 경험이 아닌, 노력과 시간을 써서 극복하는 경험 투자가 필요하다.

당신의 경험에 돈을 투자해야 할 타이밍에 대비하라!

그럼 의문일 것이다. 돈은 언제 써요? 끝까지 모으기만 할 것인가요? 당연히 정답은 아니다. 나도 돈을 쓸 때는 쓴다. 아까도 말했지만 돈은 나에게 증명의 수단이다. 그렇기 때문에 돈을 벌기 위해 더 많이 고민을 하고 투자한다.

돈이 돈을 번다는 말을 아는가? 나는 내가 20살부터 시작한

10년의 경제활동 중 최근 2년에 번 돈이 과거 8년 동안 번 돈보다 더 많다. 돈도 들어오는 흐름이 있고 돈으로 돈을 버는 것을 이해하니 '1+1=2'가 아닌 '1+1=3'이 되었다. 그래서 지금까지 내가 쓰지 않고 저축한 돈이 나에게 아주 큰 힘이 되고 있다.

여러분에게 당당하게 말하겠다. 일단 쓰지 말고 모아라. 그냥 죽도록 모으다 보면 느낌이 온다. '아, 지금이 쓸 때구나.' 그럼 당신의 노력을 투자했던 경험에 당신의 자본을 쏟아부어라. 그럼 돈은 자연스럽게 따라올 것이다.

절대 소비를 하며 경험을 쌓지 마라. 적게 쓰면서 할 수 있는 경험도 무수히 많다. 이 책을 읽고 있는 10대라면 공부와 지식을 쌓는 것에 집중해라. 20대라면 돈을 모아라. 30대라면 모은 돈으로 어떻게 자신의 인생에 투자할 것인가 도전하고 실행해라. 주변 친구가 쉽게 번 돈에 현혹되지 마라. 해외 여행에 대한 자랑에 눈을 돌리지 마라. 당신만의 길이 있을 것이다. 설레지 않는가? 10년 뒤, 20년 뒤 엄청난 부자가 될 당신의 모습이 말이다. 지금 그런 상상을 하면 내 친구의 오마카세와 해외 여행이 부럽지 않다. 오히려 고맙다는 생각이 든다. 내 경쟁자 한 명이 사라졌다는 생각에 말이다.

베푸는 삶

어린 시절부터 아버지의 가스라이팅으로 인해 베푸는 것에 많이 신경을 쓴다. 나에게는 인색하지만 내 기준에서 베풂이 필요한 사람에게는 베풀었다. 경제활동을 시작한 20살에 유니세프에 한 달에 1만 원씩 꼭 기부를 했다. 대학생 때 학술회에 참가하여 대상을 받아 나이키 상품권 50만 원을 받았다. 10만 원은 나에게 쓰고 10만 원은 동생 옷을 사주고 나머지 30만 원은 근처 보육원에 가서 기부를 했다. 사업을 시작하고 생각보다 매출이 많이 나왔다. 좋은 일을 하고 싶어 K-리그 드림어시스트 재단에 루크아이 안경과 내 책을 기부했다.

내가 왜 기부를 좋아하는 줄 아는가? 옛날에 어느 책에 이런 내용이 있었다.

한 스님께서 천하를 얻는 방법을 알려줬다.

1. 지식과 지혜를 쌓아라.(많이 배우고 경험해라)
2. 배운 지식과 지혜로 움직여라.(돈을 벌어라)
3. 가진 돈으로 세상에 베풀어라.(배려와 희생)
4. 천하를 가질 수 있는 자가 될 것이다.(결과물)

대부분의 사람은 1번과 2번에서 끝난다고 한다. 하지만 진짜 천하를 얻고 세상을 얻기 위해서는 3번이 중요하다고 한다. 그러면 자연스럽게 4번의 결과물이 따라온다.

어쩌면 '죽도록 돈을 많이 벌어서 뭐하나? 적당히 벌면 되지'라는 생각을 가질 수 있지만, 인간은 유전적으로 함께하는 삶을 살아간다. 이기적으로 열심히 벌되, 번 만큼 베풀 줄 아는 인간이 중요하다.

사람을 쫓지마라,
나와 내 일에 집중해라

세상의 유일한 공평함 : 시간

우리 인간에게 유일하게 공평하게 주어지는 것이 바로 시간이다. 그렇다면 내가 다른 사람들보다 성공하기 위해서 기본적으로 갖춰야 할 능력이 시간 활용 능력이다. 국가에서 정한 근로 시간은 주 40시간이다. 당신은 주에 40시간을 일하고 있는가?

1주를 시간으로 환산하면 168시간이다. 근로 시간 40시간을 빼면 128시간이 남는다. 하루에 8시간을 잔다고 생각해보자. 일주일이면 56시간이다. 128시간에서 56시간을 빼면 72시간이 남는다. 당신은 이 72시간을 어떻게 활용하는가? 하루에

10시간 수준이다. 식사 시간 또는 생리적인 시간을 다 빼도 하루에 8시간이 남는다. 다시 한번 말하겠다. 인생은 가능성이다. 테슬라의 대표 일론 머스크는 성공을 위해서 주 80~100시간을 일해야 한다고 말한다. 주 40시간의 2배 이상은 일해야 된다는 것이다.

내 일상을 말해보겠다. 7시 30분에 기상해서 산책 후 8시에 아침식사를 한다. 그리고 오전 훈련 준비를 한다. 10시에 훈련을 한다. 11시 30분쯤 훈련이 끝나고 선수들 추가 훈련을 마친 후 바로 씻고 12시 30분에 밥을 먹는다. 식후에 독서 또는 사업 관련 업무를 본다. 14시 30분부터 오후 훈련 준비를 한다. 16시에 훈련을 한다. 17시 30분에 끝나면 씻고 18시 30분에 저녁 식사를 한다. 19시쯤 카페를 간다. 책을 쓴다. 20시부터 22시는 프리랜서 직원 업무 시간이라 사업 관련 업무를 한다. 끝나면 또 책을 쓴다. 그리고 23시 30분 전에 잔다.

이런 형태로 365일 중 250일을 살아간다. 나머지 115일은 또 쉬냐고? 아니다. 팀 경기가 있으면 경기에 따른 일상이 또 비슷한 형태로 이어진다. 팀 일정상 휴식이 생기면 밀렸던 사업 미팅과 출판사 미팅을 다닌다. 언제 쉬냐고? 정확하게 말할 수 있다. 안 쉰다. 난 365일 중 365일을 일한다. 친구가 없냐고? 친구는 있다.

내 일은 곧 내 인생

이렇게 살다보면 친구를 만나기 힘들다. 다만 내 인간관계는 소수정예로 이루어져 있다. 재밌는 사실이 하나 있다. 나도 한 번씩 친한 친구를 만난다. 당연히 밥을 먹고 카페를 간다. 그리고 각자 할 일을 하자고 한다. 그 뒤로 나는 또 업무를 한다. 또 내 업무나 기획에 조언을 얻는다. 그리고 미래에 대한 계획을 서로 공유한다. 그리고 각자 집 혹은 일터로 이동한다. 이런 시간이 1년에 5번 이내이다. 맞다. 내가 친구라고 하는 사람들은 내가 이렇게 일정을 짜도 불만이 없다. 오히려 자연스럽게 서로 책과 노트북을 챙겨온다.

어느 순간 느끼게 됐다. 인맥은 중요하다. 다만 내 인생의 중심은 나고 하고 내 일이 우선이다. 시간을 낭비하고 싶지 않았다. 어떤 이들은 말할 수 있다. 친구를 만나는 게 왜 시간 낭비인지 말이다.

쉽게 생각해보자. 그럼 왜 공무원 시험을 준비하는 사람들이 합격이라는 성공을 위해 인간 관계를 다 끊고 노량진으로 들어갈까? 자신의 합격이자 성공을 위한 길에 장애물이라 생각하는 것이다. 심지어 집에도 가지 않는다. 오로지 고독하게 자신과의 싸움을 벌인다. 그렇다. 나의 매일이 그들의 하루와 같다. 명확한 한 가지 사실을 잊으면 안된다. 역설적이지만 포기한 만큼 결과물로 돌아오게 되는 것이 인생이다. 남들과 똑같이 해서는 절대 성공을 할 수가 없는 게 정상이다. 내 인생의 성공 목표가 명확하고 당신의 인생 목표가 명확하다면 당신의 인생을 온전히 일에 쏟을 수 있을지 궁금하다. 그런 마음의 준비가 되지 않았다면 당신의 성공에 대한 갈망을 의심해 볼 필요가 있다.

인맥

내가 꼭 사람 만나는 데에 시간을 낭비하지 말라고 했다고 극단적으로 사람을 만나면 안 된다 혹은 사람이 안 중요하다는 것이 아니다. 사람관계는 무조건 중요하다. 성공을 하기 위해서 귀인은 필수 요건이다. 단지 사람에게만 너무 신경 쓰지 말라는 것이다. 내 경험상 내가 좋은 사람이고 내가 일을 옳게 잘하고 있다면 본인이 싫어도 사람들과 교류가 생긴다.

나는 사업을 시작할 때 인맥을 매우 잘 활용한 케이스 중 하나라고 생각한다. 내가 런칭한 아이웨어 브랜드 '루크아이는' 2024년 1월에 시작했다. 4월에는 프로 배구단 '한국 전력 빅스톰'과 미팅을 하여 스폰서십을 맺었다. 5월에는 프로 축구단 '수원 삼성 블루윙즈'와 스폰서십을 맺고 콜라보 제품을 출시

했다. 6월에는 프로 E-스포츠 구단 '농심 레드포스'와 스폰서십을 맺었다. 7월에는 프로 축구단 '광주 FC' 그리고 광주 FC의 '이정효' 감독과 스폰서십을 맺고 콜라보 제품을 출시했다. 많은 프로 선수들이 내 브랜드 제품을 착용하고 홍보한다.

고작 런칭 1년 차 브랜드가 할 수 있는 일이라고 생각하는가? 절대 불가능하다. 다만 가능하게 만든 것은 인맥이다. 나는 스페인을 다녀오고 대학교를 다니면서 세미프로 생활을 할 때 주말마다 '스마터'라는 스포츠 마케팅 동아리 활동을 했다. 서울에서 학교를 다니는 대학생들이 스포츠 마케터가 되기 위한 공부를 하는 학술 동아리였다. 축구만 한 내가 새로운 경험과 진로를 쌓기 위해 짜투리 시간을 만들어 활동했다. 동아리를 하면서 나는 커다란 벽을 느꼈다.

'와, 정말 공부를 해서 대학교를 간 학생들 중 스포츠 마케팅으로 취업을 준비하는 학생들은 대단하구나.'

동아리를 수료한 뒤 어떻게 되었나? 난 깔끔하게 스포츠 마케터의 꿈을 접었다. 도저히 내가 그들보다 취준 생활을 잘할 느낌이 안 보였다. 아니 노력하면 되겠지만 내 인생을 비교해봤을 때 비효율적이라고 생각했다.

4년이 지난 뒤, 내 동아리 동기들을 각 구단의 스포츠 마케터가 되었다. 그리고 난 사업을 시작했고 동기들이 도와주기 시작했다.

인맥이라는 것은 억지로 만들기보다는 살면서 자연스럽게 만들어지고, 또 내 인생을 잘 달려가다 보면 자연스럽게 생기는 것이다. 사실 내가 잘 되지 않으면 상대방도 날 거부할 것이다. 남한테 기대는 인생보다 나 자신에게 시간을 투자하고 활용하는 것이 확률적으로 가장 올바른 선택의 길이다.

내 사람을 만드는 방법

하지만 인간은 진화론적으로 혼자 살아갈 수 있는 동물이 아니다. 굉장히 약한 종족이기 때문에 뭉쳐서 활동하며 영역을 보존하고 번창시켰다. 아무리 인간이 똑똑하다고 해서 절대 혼자서 이룰 수 있는 것은 본인 통제밖에 없을 것이다.

그렇다면 내가 생각하는 내 사람을 만드는 법은 간단하다. 내 사람을 만들기 위해 쫓지마라. 내가 잘되면 나를 존경하는 사람이 생기고 믿는 사람이 생기게 된다. 그것이 내가 내 사람을 만드는 방법이다. 내가 사업을 번창하고 싶어서 내 주변 친구들과 후배들에게 제안을 하면 내 주변 사람들은 당장 하던 것을 멈추고 나와 함께할 의향이 있다. 언제 어떤 시기를 불문하고 그들은 좋다고 대답한다. 내 주변에는 그런 사람밖에 없다.

'왜?'

그들은 나를 믿기 때문이다. 손동민이라는 인간은 절대 대충 하지 않을 것이며 최선을 다해 또 성공하고 이룰 것이라는 '믿음', 이 한가지이다. 그들은 내 삶을 지켜봐 온 사람들이다. 자신의 인생을 나에게 투자한다고 해서 절대 손해를 보지 않는다는 것을 안다.

사실 내가 책을 쓰는 이유도 이와 마찬가지라고 생각한다. 내가 살아온 과정과 가치관, 철학을 누군가와 공유하며 함께할 수 있는 동료를 찾는 것이다.

밥을 사라, give 철학

Give and Take

내 카카오톡 상태 메시지에 10년 넘게 변하지 않는 문구가 있다.

'Give and Take'

어릴 때부터 항상 아버지는 나에게 착하게 살아라 또는 베풀며 살라는 말을 시도때도 없이 하셨다. 그 덕분에 주는 것에 대한 거부감 없이 살았다.

애덤 그랜트의 책 《Give and Take》를 읽어봤는가? 이 책은 내 철학을 정말 잘 담았다고 생각한다. 세상 사람은 기버(Giver), 매처(Matcher), 테이커(taker) 이렇게 세 가지의 유형으로 나누어져 있다. 기버는 무엇을 바라고 주는 게 아니기 때문에 항상 손해를 본다(1-1=0). 매처는 상호작용을 하기 때문에 상황에 따라 손해를 보고 이득을 취한다(1+1-1=1). 테이커는 의미 그대로 가져가는 경우가 많기에 항상 이득을 취한다(1+1=2).

사실 나는 처음부터 'Giver(기버)'로 살진 않았다. 나는 지극히 'taker(테이커)'였다. 내가 살아온 배경을 안다면 조금은 이해는 될 것이다. 기버 부모님 밑에서 자랐기에 기버에 대한 인식이 있지만, 브라질에서의 유년기와 단체 생활의 청소년기를 보냈기 때문에 내 것에 대한 소유욕이 어느 정도 있었다. 그러다가 사회 생활을 시작한 뒤부터는 매처가 되었다. 하지만 세상은 자기 것만 챙기는 이의 편이 아니라는 걸 느끼고 있다.

최고의 거절은 밥을 사는 것이다

내가 사업을 하면서 인간관계의 폭이 매우 넓어졌다. 여러가지 기획을 하면서 그 기획에 필요한 사람들과 미팅 자리가 잦아지고 식사 자리가 익숙해졌다. 근데 여기서 중요한 것은, 나는 모든 식사 자리에 밥을 내가 산다는 점이다. 사업을 하기 전에는 식사 자리가 있으면 더치 페이를 하거나 얻어 먹는 시간이 더 많았다. 그냥 별 생각 없이 얻어 먹었던 것 같다.

사업을 한 뒤로는 내가 밥을 사게 된 계기가 있었다. 광고 촬영을 위해 광고 대행사와 식사 자리를 가진 적이 있다. 대행사 측에서는 거래를 위해 먼 지역에서 나를 보러 왔으며 식사 예약도 비싼 식당을 해 놓았다. 그리고 광고 비용을 너무 크게 불렀다. 사업 초기인 나에게는 부담스러운 금액이었다. 그래서 당당하게 거절했다. 거절할 수 있는 이유는 한 가지였다. 내가 밥을 샀기 때문이다.

세상은 빚지고 살면 그 빚을 언젠가는 꼭 갚아야 하는 것이 이치이다. 하지만 빚을 지지 않으면 당당하게 내 의견을 말할 수 있는 갑의 위치에 있을 수 있다. 꼭 갑이 아니더라도 동등하게 말할 수 있다. 이것이 내가 온전히 나로 살아가며 당당한 MZ로 살아가는 방법 중 하나이다. 난 밥을 산다. 그리고 내가 주도한다. 능동적으로 선택하고 행동할 수 있게 환경을 조성한다.

베푸는 마음이 성공의 기본

베푸는 마음이 왜 성공의 기본일까? 나는 사업을 할 때 제일 많이 고민하는 것이 하나 있다.

'어떻게 해야 최대한 많은 사람들이 내 제품을 경험해보고

좋은 컨디션을 느낄 수 있을까?'

내 주제는 어떻게 해야 많이 팔 수 있을지에 대한 고민이 아닌, 최대한 많은 사람들이 경험해보고 좋은 컨디션을 느껴봤으면 하는 바람에 가까웠다. 장사꾼이지만 장사꾼의 마음의 아니라 지도자의 마인드로 사업을 하고 있다. 지도자의 기본 소양 중 하나는 희생이다. 내 제자를 위해, 선수를 위해 내 에너지와 열정을 쏟듯이 내 고객에게 에너지와 열정을 쏟는 것이다.

이렇게 사업을 하니 정말 고객들도 느껴진다고 한다. 장사를 하는데 신기하게 소통하는 고객들이 꼭 하는 말이 있다.

'좋은 제품 저렴하게 구매할 수 있게 해주어 감사하다.'

놀랍지 않은가? 나는 그들의 지갑을 열게 한 장사꾼임이 분명한데 감사의 인사를 듣고 있다. 그리고 좋은 제품이라고 주변에 입소문을 내준다. 인생을 살아보니 깨닫게 된다. 좋은 마음으로 살아가면 우주가 내 마음을 알고 도와준다.

책임감

2023년부터 네이버 블로그를 꾸준히 썼다. 일상을 공유하기도 하고 내 생각과 지식을 공유하기도 했다. 어느 날 어떤 팬분께서 블로그 댓글로 질문을 했다.

'코치님이 생각하시는 어른은 무엇인가요?'

나는 어른과 아이의 차이를 책임감이라 생각한다. 청소년까지는 잘못을 하더라도 법과 부모의 보호를 받는다. 하지만 성인의 경우 모든 상황에 대한 선택을 본인이 책임져야 한다. 나도 책임에 대해 인지를 한 지 오래되진 않았다. 하지만 삶을 살아가다 보니 내 삶에 대한 책임은 내가 지는 것을 알게 되었다. 내 인생의 미래에 대한 선택을 직접 결정하고 나오는 결과에 대한 책임을 진다.

나도 20대 초반까지 부모님께 의지를 많이 했다. 진로에 대한 선택을 할 때마다 부모님께 전화를 해 고민을 털어놓고 조언을 구했다. 아니 말이 좋아 조언이지 선택을 대신 해달라는 식의 대화였다. 하지만 조금씩 자연스럽게 깨달았다. 어른은 본인이 자율의지에 따라 선택을 하고 그 선택에 대한 책임을 스스로 지는 것이라는 사실을 말이다. 그래서 20대 중반부터는 나를 위해 공부를 했고 나를 위해 돈을 벌었다. 그러니 딱 내가 먹고 살기 위한 만큼의 결과물이 만들어졌다.

그런데 지도자가 된 후로 내 선수를 위해 그리고 팀을 위해 일을 하니 더 큰 결과물이 나왔다. 지금은 축구 시장을 위해 사업을 시작하니 훨씬 더 큰 결과물이 나온다. 이제는 직원도 생기게 되니 책임에 대한 무게가 더 커졌다. 이게 바로 우리가 남을 위해, 그리고 주는 삶에 익숙해져야 하는 이유이다. 우리는 우주를 위해 살아야 한다. 무한대의 기버를 꿈꿔야 한다. 그에 따라 본인이 책임져야 할 무게가 커지면 커질수록, 또 노력할수록 돌아오는 보상은 클 것이다.

당신의 삶은 그저 혼자만 가지려고 하는 테이커가 되는 것이 아니라 만물을 위한 기버가 되기를 바란다. 우리 에이스 MZ들의 방향성은 기버를 기반으로 삼아야 한다.

부정적인 말은 그만, 핑계대지 말고 도전해라

생각의 차이

사람은 생각이 정말 중요하다. 생각한대로 내 몸은 움직이고 준비한다. 내가 무언가를 하고자 하면 우리의 뇌는 그것을 하기 위한 방법을 찾는다. 하지만 안 된다고 생각하는 순간 생각을 멈춘다. 그렇기 때문에 생각이 매우 중요하다.

나에게 많은 학생들이 SNS를 통해 질문을 한다. 최근에 한 질문과 답변이 떠오른다.

"코치님, 저도 코치님처럼 K-리그 1 피지컬 코치가 될 수 있을까요?"

그럼 뭐라고 답변했을까?

"학생님, 저는 가능하다고 생각합니다. 다만, 저는 지금의 제가 있기까지 18년의 시간과 노력을 투자했습니다. 학생님도 최소 저만큼의 시간과 노력을 투자한다면 K-리그 1 피지컬 코치가 될 수 있습니다."

사실 해당 학생은 비 선수 출신이었다. 해외는 비 선수 출신 감독 혹은 코치를 찾아보기가 쉽다. 하지만 한국은 엘리트 스포츠 문화의 특성상 선수 출신 지도자를 선호한다. 그러나 본인은 꿈을 다짐하고 나에게 물었을 것이다. 그런 사람에게 안 된다고 말할 순 없다. 가능하다고 말한다. 대신 쉬운 길이 아닐 것이라는 말을 함께 한다.

18년 동안 한 가지 일을 한다는 것은 쉽지 않다. 하지만 나는 11살부터 29살인 현재까지 18년을 축구와 함께하고 있다. 축구와 함께하며 18년을 투자한 결과물이 지도자인 것이다. 그 학생도 마찬가지다. 내가 가능하다고 한 순간 최소 18년 후에 K-리그 1 피지컬 코치를 생각할 것이다. 그리고 그것을 위한 준비와 노력을 할 것이다. 그런데 만약 내가 안 된다고 했다면 어떻게 했을까? 시작조차도 안 할지 모른다.

포항 스틸러스에 입단하고 많은 팬들이 신기해했다. 어린 코치가 왔기 때문이다. 그렇게 나를 멘토로 삼는 학생들이 보였다. 자신도 나처럼 어린 나이에 프로 팀 코치가 될 수 있다는 희망을 가진다. 한 팬 분은 정말 나에게 많은 조언을 얻고 따라한다. 매 경기 따라오고 내가 하는 단순한 훈련들에 대한 질문을 한다. 비 선수 출신이다. 피지컬 코치가 꿈이다. 자신의 목표도 자신이 좋아하는 포항 스틸러스의 피지컬 코치가 되는 것이라고 한다. 그렇다. 인생의 비결이 이것이다. 안 된다고 생각하는 순간 우리는 안 되는 이유를 찾고, 된다고 생각하는 순간 되는 방법을 찾는다.

시간 핑계

20대 초반, 아버지는 내가 걱정이 되었는지 이것저것 잔소리가 많으셨다. 반면 동생은 아버지 말씀을 잘 들었다. 아버지가 미국 유학을 권유하면 다녀왔다. 중국 유학을 권유하면 다녀왔다. 사업을 권유하면 사업을 했다. 하지만 난 마치 개구쟁이 같이 그 말씀들을 받아들이지 못하고 내 고집대로 행동했다. 그리고 꼭 항상 대답했던 말이 있다.

"시간이 없어요."

사실 그 때 당시를 돌이켜보면 내 나름 정말 바쁘게 살아서 시간이 없긴 했다. 근데 한편으로 생각해보면 핑계이다. 서두에 말했듯이 시간은 만들면 되는 것이다. 그걸 깨달은 순간부터는 시간 핑계를 절대 대지 않는다. 대신 시간 분배와 계획을 더 명확하게 하기 시작했다. 스스로를 돌이켜봐라. 시간을 핑계로 중요한 일들을 뒷전으로 미루고 있는지 확인할 필요가 있다. 우리의 몸과 뇌는 생각한대로 움직인다. 이 사소한 습관 하나가 큰 결과를 만들어낸다.

자기합리화

힘들 때만 되면 우리 마음에 악마가 나타난다. 다이어트하고 있는 당신에게 늦은 밤마다 나타나는 야식을 먹고 싶은 욕구의 악마. 그 악마는 항상 당신들과 타협한다. 오늘 런닝머신 1시간을 탔으니까 피자 한 조각은 먹어도 된다는 유혹, 그리고 한 조각을 먹고 난 뒤에 나타나는 오늘만 먹고 내일부터 다시 시작하자는 유혹. SNS에서 본 기억이 있다. 여자들의 다이어트는 기한이 있는 것이 아니라 평생이라는 글이다. 난 이 글이 너무나도 웃겼다. 틀린 말 같지 않았기 때문이다.

사실 대한민국 대부분의 젊은이들이 공감하는 것이 하나 있을 것이다. 바로 영어공부이다. 모든 젊은 친구들은 항상 영어공부를 이야기한다. 대부분 새해 목표로 영어공부가 있을 것이고 하루에 조금씩 영어 단어를 외우겠다는 목표를 세울 것이다.

중요한 것은 매년 같은 목표를 적고 있다는 점이다. 또 재밌는 사실이 하나 있다. 스페인어 시험을 위해 책을 사러 서점을 갔다. 고급 서적이 필요했다. 하지만 서점에는 초급용 또는 기초 서적밖에 없는 것이다.

대부분의 한국인들이 그렇다고 한다. 목표를 세우고 하지 않는다. 그리고 자기합리화를 한다. 이것저것 핑계를 만들어낸다.

우리 에이스 MZ에게 굉장히 필요한 능력 중 하나는 부정적이고 안 된다는 생각보다 어떻게든 할 수 있는 방법을 찾는 태도이다. 사실 내가 지금까지 가져온 성공의 철학을 많은 사람들에게 이야기 해도 전혀 걱정 없다. 피지컬 코치 관련 자료 혹은 경험도 누군가 물어보면 공유한다. 책을 쓸 때도 마찬가지다. 대부분의 선배들은 본인들의 정보를 숨긴다.

하지만 나는 공유한다. 그리고 함께 성장하여 내 시장을 키우려고 노력한다. 하지만 알려줘도 안하는 것이 인간의 심리이다. 설령 하더라도 하나의 벽을 만나면 포기한다. 그렇기 때문에 이 시대는 우리에게 기회라는 것이다.

핑계를 대지 말고 항상 된다는 정신으로 도전해라. 그것이 내가 살아가는 방식이다.

건강은 인생의 최우선 가치이다!

내가 아침을 먹는 이유

나는 365일 빠짐없이 아침을 꼭 챙겨 먹는다. 간단한 것이라도 꼭 먹고 하루를 시작한다. 밤 늦게까지 일을 해서 피곤하더라도 규칙적으로 일어나는 시간에 일어나 아침 식사를 하고 다시 잘 정도로 아침 식사를 거르지 않는다.

인간의 뇌의 주된 에너지원이 무엇인지 아는가? 바로 당이다. 우리의 뇌는 우리가 자고 있는 동안에도 일을 한다. 쉬고 있다고 생각할 수 있지만 불수의근인 장기들의 움직임 외에도 수많은 대사적 작용을 위해 일을 한다고 생각하면 된다. 그 동안 에너지를 계속 사용하고 있는 것이다. 아침에 일어나면 몸무게가 빠져 있는 모습을 볼 수 있다. 체온을 유지하기 위해 수분이 빠졌거나 당과 지방 에너지를 사용하여 순간적으로 몸무게가 빠져 있는 것이다. 이렇게 빠진 에너지를 다시 채워 주기 위해 아침 식사를 한다. 이게 바로 내가 하루를 활기차게 시작할 수 있는 방법이다. 뿐만 아니라 식사를 하기 위해서는 꼭 일찍 일어나야 한다. 규칙적인 하루의 시작은 꾸준한 아침 식사에서부터 나온다. 에이스 MZ가 되기 위해 아침 식사는 필수 요소라고 생각하면 된다.

유기농이 더 비싸다

나는 원래 소위 '잡식성'에 가깝다. 가리지 않고 다 잘 먹었다. 덕분에 부모님의 키에 비해 매우 잘 큰 케이스라 생각한다. 어릴 때 부모님이 밥을 따로 챙겨주지 않고 일을 하러 나가시더라도 밥솥에 밥만 있으면 밥솥째로 밥을 꺼내 TV를 보면서 주걱으로 먹은 기억이 있다. 브라질에 있을 때도 마찬가지다. 초등학생에게 지구 반대편 나라의 음식이 바로 입에 맞을 수 있을까? 쉽지 않다. 하지만 배가 고프면 잡식 습성이 나와 무엇이든 잘 챙겨 먹었다. 팀을 옮길 때마다 식사가 바뀌어도 항상 잘 먹었다.

그런데 어느 날 장을 보다가 이런 생각이 들었다.

'고기도 좋은 사료를 먹은 고기가 더 비싸고 채소도 유기농이 더 비싼데 내 몸에 아무거나 넣어도 될까?'

그때부터 나는 좋은 것을 먹기 위해 노력했다. 왜? 우리 몸은 유기체이다. 좋은 음식을 먹을수록 좋은 세포들이 많이 생성되고 세포들의 집합체인 우리 인체가 좋은 컨디션으로 인생을 살아가는 것은 당연하다. 비싼 유기체가 아닌 물건들도 좋은 재질의 제품이 더 비싸고 성능이 좋다. 근데 다른 것도 아닌, 우리 몸을 구성하는 데 중요한 역할을 하는 음식을 아무거나 먹는다는 것은 인생을 아무렇게 살겠다는 것과 마찬가지라는 생각이 든다.

아프지 마라

당신은 아프지 않기 위해 매일 노력하고 있나? 나는 매일 노력하고 있다. 1년 동안 단순 감기조차 걸리지 않게 관리한다. 왜? 아프면 아픈 것으로 끝나지 않는다.

단순 감기라고 생각해보자. 감기에 걸리면 일단 몸이 무기력하다. 생각의 속도도 줄어들고 활동량도 줄어든다. 온전하게 내 삶을 살 수 있는 시간을 뺏긴다. 병원에도 가야 한다. 시간을 뺏긴다. 돈도 써야 한다. 불필요한 지출이다.

평소에 잘 먹고 잘 자고 잘 쉰다면 아플 일은 없다. 내가 말하는 아프지 말라는 것은 평소에 자기 관리를 잘하라는 것이다. 진짜 단순하게 자기 관리를 잘하는 것은 삶을 아끼고 돈을 아끼고 시간을 아끼는 가장 기본적인 행위이다. 내가 건강을 위해 지키고 있는 아주 사소한 행동들을 공유하겠다.

1) 아침에 일어나면 환기 및 청소

청결 유지는 건강을 지키는 첫 번째 요소이다. 나는 항상 아침에 일어나 창문을 열고 환기를 하고 바닥 청소를 한다. 그리고 내 옷 빨래도 꾸준히 한다. 샤워도 하루에 2번씩 꼭 한다. 어려운 것이 아니다. 그냥 루틴처럼 만들면 되는 것이다.

2) 아침 산책을 꼭 한다

현대인에게 개인적으로 꼭 필요한 습관 중 하나라고 한다. 태양은 우리의 컨디션을 위해 정말 좋은 영양분을 많이 준다. 단순히 비타민D뿐만 아니라 뇌의 활성화 및 서캐디언 리듬이라고 하는 생체 리듬을 유지하여 좋은 컨디션을 만들 수 있는 간단한 방법이다.

3) 간단한 운동

체력이 좋은 것은 나이가 먹을수록 엄청난 장점으로 발휘된다. 전에도 말했듯이 주 100시간을 일하기 위해서 또는 정말 남들보다 열심히 살기 위해서 기본적으로 갖춰야 할 능력이 체력이다. 헬스장에서 근육을 만들라는 소리가 아니다. 과한 근육은 우리 에너지를 더 소비하게 만들고 근육을 유지하기 위해 많은 칼로리를 원한다. 가벼운 조깅이라도 매일 하는 루틴을 만들어라.

4) 야식을 줄이자

속이 찬 상태로 아침에 눈을 뜨는 것과 속이 가벼운 상태로 아침에 눈을 뜨는 것은 차원이 다르다. 시작이 좋아야 끝이 좋다고 하듯이 아침에 눈 떴을 때 몸과 마음이 상쾌해야 좋은 하루를 살 수 있다. 그렇다고 전혀 먹지 말라는 소리가 아니다. 몸에 좋은 것을 적당하게 먹어라.

건강을 지키면 시간도 돈도 자신의 삶도 아낄 수 있다. 건강은 선택적 요소가 아니다. 온전히 내 삶을 살기 위한 필수적 요소이다.

인생에는 한 가지 이치가 있다. 포기하는 만큼 돌아온다. 건강을 위해서는 맛있는 것을 포기할 줄 알아야 하고 성공을 위해서는 돈과 사람을 포기해야 될 수 있다. 하지만 포기하는 만큼 다른 가치를 얻을 수 있다. 마치 우리는 시간을 포기하고 돈을 버는 자본주의 사회와 같다. 어쩌면 건강하게 사는 것이 너무 어려울 수 있다. 하지만 건강을 위해서 하는 포기하는 행동은 당신의 인생에 수많은 가치를 줄 것이다.

퍼스널 브랜딩을 시작하라

MZ세대 = 개천에서 용 나는 세대

대한민국은 단순 생계를 해결하는 차원의 국가가 아니다. 이제는 자아실현을 위한 삶이 더 중시되는 나라이다. 많은 사람들이 과거와 달리 선진국에 진입한 이후 우리 사회의 계층 간 이동이 어려워졌다고 한다. 하지만 나는 이 말이 잘못됐다고 생각한다. 나는 요즘 시대를 다른 의미로 개천에서 용 나는 시대라고 이야기한다. 오히려 용이 될 수 있는 방법이 더 다양해졌다.

쉽게 생각해보자. 과거의 출세 루트는 판사, 검사, 변호사, 의사와 같은 사자가 들어간 직업이 전부였다. 그렇기 때문에 학교에서 공부 잘하는 사람이 최고의 대우를 받았고, 좋은 대학교에 진학하는 것이 모든 이들의 꿈이었다. 반면, 지금은 직업이 매우 다양하고 돈을 벌 수 있는 방법도 매우 많다. 연예인보다 유투버가 더 유명한 시대다. 지방에서 소를 키우는 농부가 SNS를 시작하여 자신의 삶을 공유하고 말에 힘이 생기기 시작했다. 어린 나이에도 주식으로 돈을 버는 아이들이 생기고 장난감과 같은 콘텐츠로 경제활동을 한다. 평범하게 전 세계 여행을 다니던 사람이 자신의 여행길을 SNS를 통해 공유하면서 유명해지고 부자가 되기 시작했다. 이처럼 오히려 평범한 사람이 성공할 수 있는 길은 광범위하다.

도전할 수 있는 분야는 넓다. 성공할 수 있는 길은 무수히 많다. 다만 당신이 길을 못 찾았을 뿐이다.

나만의 캐릭터 : 페르소나

나의 전 책 《피지컬 코치, 축구 시장에 바꿔라》에 이런 이야기를 적었다. 좋은 피지컬 코치가 되기 위해서는 내가 어떤 피지컬 코치인지 정확하게 설정하는 것이 중요하다.

1) A 피지컬 코치는 잘 가르쳐.

2) B 피지컬 코치가 맡은 팀은 정말 경기장에서 잘 뛰어.

축구 시장에 유능하다는 평가를 받는 피지컬 코치는 많지만,

정작 그 코치가 뭘 잘하는지 물었을 때는 대답이 명확하게 나오지 않는다. 2번과 같이 명확한 캐릭터가 있어야 고용주인 감독의 입장에서는 선택하기 편하다.

나를 알릴 수 있는 핵심적인 키워드가 되어 줄 특별한 무기가 필요하다. 이를 위해 우리가 제일 먼저 해야 할 것은 나의 캐릭터를 만드는 것이다. 이때 캐릭터는 절대 꾸며서는 안 된다. 각자가 살아온 배움과 경험을 토대로 만들어 가야 한다.

대부분의 MZ들은 여기서 착각한다. SNS를 통해 보이는 남들의 삶을 동경하지만, 그것은 그 사람의 배움과 경험을 통해 만들어진 삶이다. 당신이 그 사람과 똑같은 삶을 살기 위해서는 그만큼의 시간과 노력이 필요하다. 아니 어쩌면 그 시간과 노력을 투자해도 그렇게 안 될 수 있다.

명사 보다는 동사

당장 내 친구들도 마찬가지이다. 30년 인생의 반을 축구와 함께했는데 이제와서 축구가 아닌 다른 인생을 살려고 한다. 나는 바보라고 생각한다. 15년 이상 투자한 것을 버리고 180도 다른 인생을 찾는 것은 너무나도 모험 아닌가? 그래서 물어보면 결국 대답은 다 비슷하다. 아직 뭘 할지 모르겠다는 대답 또는 다른 일을 배워본다고 한다. 축구라는 자신의 무기이자 캐릭터를 버린 것이다.

내가 축구를 이용한 사례를 이야기 해보겠다. 나도 물론 축구가 싫었다. 죽도록 해봤기 때문에 축구 인생을 살기는 싫었다. 그런데 어느 날 우연히 TV에서 가수 박진영씨가 하는 말을 들었다.

"꿈은 명사가 아니라 동사입니다."

이 말을 듣고 나는 바로 축구 지도자가 되기로 마음 먹었다. 나는 하고 싶은 것은 많았다. 가르치는 것도 좋아했고 기획하며 돈을 버는 것도 하고 싶었다. 공부도 하고 싶었고 글을 쓰는 것도 좋아했다. 더 넓은 세상을 다니며 경험을 하고 싶기도 했다. 이 많은 것을 다 해보기 위해서는 내 인생에 가장 많은 시간을 투자했던 축구를 통해 시작하는 것이 가장 빠르다고 생각했다. 그리고는 내가 하고 싶은 것들을 하나씩 접목시켰다. 교육을 하고 싶어서 프로 팀 피지컬 코치가 되었고, 기획하며 돈을 벌고 마케팅을 하고 싶어 축구를 통해 사업을 하고 있다. 공부가 좋아 석사 연구도 축구 관련 연구를 하고 있으며, 글쓰는 것을 좋아해 축구 관련 저서를 내기도 했다.

흔들리지 않는 방향성

세상에는 정말 많은 캐릭터들이 있다. 그 많은 캐릭터들 중 진짜 나와 일치하는 캐릭터를 찾아야 한다. 정말 나라는 사람을 잘 보일 수 있는 일은 무엇일까? 나도 20대 초반이 있었고 여러분들과 같은 시기가 있었다.

'뭘 하면서 살아야 할까?'

아버지는 그럴 때마다 스스로에게 많이 물어보라고 했다. 결국 정답은 내 안에 있는 것이고 내가 하고 싶은 대로 살아가는 것이 내 인생이기 때문이다.

그 순간 나는 결심했다. 지도자가 되어야겠다. 일단 시작해봐야겠다. 사실 나는 욕심이 매우 많았다. 하고 싶은 것도 많았다. 근데 궁극적으로 생각을 해보면 내가 하고 싶은 것은 교육이고 가르치는 것이었다. 수단이 중요하지 않았다는 것이다. 돈이 중요한 것이 아니었다. 일단 자신이 이루고자 하는 것을 동사로 실행하는 것이 중요하다. 그러면서 살을 붙여가는 것이다.

많은 MZ들은 고민하다가 끝난다. 뭐하지? 이게 맞나? 무엇을 하는지가 중요한 것이 아니다. 일단 뼈대를 만들어고 경험을 통해 살을 붙여가는 것이다. 매번 뼈대를 만들다가 버리고 또 다른 새로운 뼈대를 만들다가 버리지마라. 시간은 유한하다.

이제는 누군가 나를 책임져주는 시대는 끝났다. 내가 나를 어필해야 되고 내가 나를 증명해야 된다. 내가 가고 싶은 길이 어딘지 내가 잘하는 것이 무엇인지 내가 나를 제일 잘 알아야 한다.

나의 다음 행선지

사람들이 나에게 제일 많이 묻는 질문이 있다.

'코치님, 그래서 다음에는 어떤 일을 할 거에요?'

나를 아는 많은 사람들이 이제는 기대를 하는 것 같다. 대리만족 같은 느낌일지도 모른다. 사실 나는 성공한 사람이 아니다. 또 누군가를 가르치기 위한 능력이 좋은 사람이라는 생각도 되지 않는다. 다만, 그렇게 되기 위해 달려가는 사람이라 생각한다. 나의 전 책 《피지컬 코치, 축구 시장의 판을 바꿔라》에서 이런 이야기를 한 적이 있다.

> "나는 역사의 시작이 되고 싶다. 축구 선수로 따지면 차범근 선수와 같은 그런 피지컬 코치가 되고 싶다. 1980년대 대한민국 선수가 유럽 무대에 진출해 엄청난 활약을 할 줄 알았겠는가? 대한민국의 존재 조차 몰랐던 대한민국 선수를 저평

가 했던 유럽에서 혜성처럼 등장한 차범근 감독과 같은 돌연변이가 되고 싶다는 꿈이 있기도 한다. 내가 전 세계적으로 유능한 지도자 또는 피지컬 코치가 된다면 개인적인 더할 나위 없이 좋을 것이다.

하지만 인간은 실패와 도전을 반복하며 역사와 경험치를 축적하며 성장한다. 나는 그를 위한 밑바탕이 되고 싶다.

과거, 부산에서 서울을 가기 위해서 어떻게 갔을까? 지금에서야 지도가 있기 때문에 찾아갈 수 있다. 하지만 지도가 존재하기 전에는 어떤 누군가는 이곳 저곳을 누비며 부산에서 서울을 가는 길을 찾아냈을 것이다. 때로는 충청남도 천안에 도착해서 서울로 착각 했을 수도 있고 때로는 전라도 광주에 도착했을 수도 있다. 또는 저 먼 함경북도 나선이 서울인지 알고 다시 먼 길을 돌아왔을 것이다. 이러한 경험을 통해 어떤 길이 빠른 길이고 어떤 길이 편한 길인지 많은 이들이 알 수 있다. 또 어떤 길은 맹수가 나타나 위험할 수 있다. 이런 과정을 기록하면서 지도가 만들어진다. 나는 이런 지도를 만드는 이가 되고 싶다. 한국의 피지컬 코치 문화는 이제 시작이다. 그렇기 때문에 내가 정말 많은 경험을 하고 공유하고 싶다. 단지 프로팀에서만 일을 해보고 싶지 않다. 다양한 연령을 지도해보고 싶고 다양한 인종을 지도해보고 싶고 남성 팀과 여성 팀을 다 경험해보고 싶다. 현장 뿐만 아니라 학업에서도 많은 경험을 해보고 싶다. 아는 만큼 보인다고 학문에도 뜻을 가지고 싶고 현장에 도움되는 많은 연구를 진행하고 싶다. 내가 더 높은 수준을 배우고 경험해야 더 좋은 지도를 그릴 수 있을 것이다.

좋은 지도를 그리는 밑거름이 되고 싶다. 내가 지도를 그리며 밑거름이 된다면 누군가는 그 지도를 통해 네비게이션을 개발할 것이다. 그 다음은 네비게이션을 통해 가장 빠르게 부산에서 서울을 도착할 것이다. 그런 시기를 걷다 보면 언젠간 꼭 내가 아니더라도 자랑스러운 한국인이자 전 세계 최고의 피트니스 코치가 탄생할 것이다."

- 손동민, 《피지컬 코치, 축구시장의 판을 바꿔라》 중에서

사실 지금 일을 하면서도 수많은 사람들이 나를 시샘한다. 어린 나이에 프로에서 일을 하는 게 못 마땅한 티를 내는 선배들도 있고, 현장에 있으면서 사업이나 책을 쓴 것에 대해 비판적인 시선도 있다. 사회는 둥근 돌을 좋아하지 모난 돌을 좋아하지 않는다. 내가 하는 일들은 기존에 있던 패러다임을 벗어나 새로운 캐릭터를 만들어가는 과정의 일환이다. 지금까지 축구계에 나같은 캐릭터는 없었다. 하지만 나를 계기로 많은 사람들이 할 수 있다는 꿈을 가졌으면 좋겠다. 앞으로 나의 길은 도

전의 연속이다. 이 길이 성공인지 실패인지는 중요하지 않다. 다만 내가 새로운 길을 개척하고 많은 이들의 길잡이이자 꿈이 되었으면 좋겠다. 또 그 길을 혼자가 아니라 멋진 MZ들과 함께 나아가고 싶다. 어쩌면 이 책은 그 길을 함께 가는 사람들을 만들어 가는 과정을 위한 디딤돌일지도 모른다. 분야가 중요한 것이 아니다. 마인드셋이, 철학이 중요한 것이다.

태도의 중요성

개미 무리를 보면 무슨 생각이 드는가? 그냥 열심히 일한다고 생각할 수도 있다. 또는 아무 생각 없이 지나갈 수도 있다. 우리는 우주라는 공간 속에 한없이 작은 존재이다. 내가 지금 잘나간다고 해도 정말 작은 존재 중에 조금 더 큰 존재일 뿐이다. 그런 의미에서 마지막으로 여러분께 하고 싶은 말이 있다.

'인성과 겸손'

나는 공인이다. 프로 축구 시장에 종사하며, 미디어에 노출되고, 그에 맞는 책임을 지고 있다. 우리 직종은 사회적으로 물의를 일으키면 공론화가 되고 많은 사람의 비판을 받게 된다. 전에도 말했다. 한 번은 쉽지만 지속이 어렵다고. 나도 가끔은 어렵다. 실력만 있으면 되지 않나? 인성이 중요한가? 사회 생활이 중요한가? 태도가 중요한가? 이런 질문을 들으면 뭐라고 답할지. 우리 세대는 외부적인 것보다 스스로의 실력이 더 중요한 것처럼 이기적인 성향을 보인다. 그런데 높이 올라가다 보면 정작 느끼는 것이 있다.

'인생은 나만 잘한다고 잘되는 것이 아니구나.'

실력은 있지만 인성과 태도로 인해 더 높게 못 올라간 사람들을 많이 보게 된다. 올라가는 것은 엄청난 노력과 시간이 필요하지만 떨어지는 것은 정말 한순간이다. 한 번의 성공은 내가 잘나서 혹은 타고 난 결과물일 수도 있지만, 성공의 지속은 재능, 노력, 인성, 태도, 운 등 많은 요인을 필요로 한다.

내가 말하는 인성은 아부 떠는 능력이 아니다. 누군가에게 도움을 받으면 고맙다는 한 마디, 또는 어른들을 보면 90도 인사를 꼭 해라.

"벼는 익을수록 고개를 숙인다."

이것이 고금을 막론하고 오래 가는 사람의 특징이라고 생각한다.

***

시대가 바뀌고 있지만 성공에 대한 진리는 변하지 않는다

이 책을 쓰면서 많은 생각을 했다. 과연 세상에는 정말 뛰어난 에이스들이 많이 존재한다. 그렇기 때문에 내가 에이스 MZ라고 자신 있게 이야기를 할 수 있을까? 솔직히 말하면 난 아직 성공했다고 말할 수 없다. 하지만 성공을 향해 달려가고 있다.

이게 핵심이다. 내가 당신에게 전달하고 싶은 것은 절대 나도 특별한 사람이 아니라는 것이다. 하지만 특별하게 되기 위해 노력하는 중이다. 그 노력이 하나씩 쌓이면서 성공하고 특별한 사람이 되는 것이다.

인생은 '개관사정(蓋棺事定)'이다. 모든 결과물은 관에 들어갈 때 결정되는 것이다. 한마디로 죽기 전까지는 아무도 모른다. 그렇기 때문에 실패하더라도 꾸준히 도전하고 노력해야 된다.

시대가 바뀌고 있지만 성공에 대한 진리는 변하지 않는다. 현대 사회는 극단적인 개인주의로 변하고 있다. 뿐만 아니라 부의 양극화는 시간이 흐를수록 격차가 더 심해질 것이다. 부자들은 더 부자가 되고 가난은 꾸준히 대물림될 것이다. 왜? 당신이 노력하지 않기 때문이다. 아무리 성공해도 부자가 될 수 없기에 포기해버리는 당신의 태도가 끊임없이 반복될 것이다.

그럼 우리 같은 서민들이 성공 가도를 달리기 위해서는 어떻게 해야 될까? 나는 두 가지를 여러분들께 제안을 드리겠다.

첫 번째, 실력을 키워라. 우리는 개인주의다. 우리는 새로운 시대의 주인공이다. 주인공이 되기 위해서 가장 중요한 것은 실력이다. 앞으로의 시대는 실력이 있는 사람들만 살아남을 것이다.

왜? 우리 나라는 이미 잘 사는 나라에 속했다. 주 7일을 일하던 대한민국에서 주 4일 근무라는 소리가 나오기 시작했다. 조금 일하고 돈을 많이 받는 시스템이 생겨나기 시작했다. 하지만 이 시스템은 모든 사람에게 동일하게 적용이 될까? 아니다. 실력 있는 MZ만이 이런 혜택을 가질 수 있다. 그렇기 때문에 지극히 개인을 위한 실력을 쌓아야 한다.

두 번째, 함께 해라. 계속해서 우리는 개인주의를 강조하고 있었는데 갑자기 공동체 의식을 언급하니 당황스러울 수도 있다. 하지만 나는 이럴 때야말로 우리가 뭉쳐야 한다고 생각한다. 성공을 위한 팁이라고 생각하면 된다. 우리가 개인주의인 것은 바뀌지 않는다. 뿐만 아니라 우리 개인이 기성세대를 절대 이길 수 없다고 생각한다.

하지만 실력 있는 집단이 도전한다면 충분히 가능성이 있다고 생각한다. 앞으로 에이스 MZ들은 이를 인지하고 움직여야 한다. '내가 왜 회사를 위해 헌신해야 되지? 나만 잘살면 되는 것이 아닌가?'와 같은 생각이 아니라, 결국 내가 잘되고 성공을 영위하기 위해서는 집단이 잘 되어야 하고, 국가가 잘 되어야 한다는 생각이 필요하다. '나 하나 쯤이야' 같은 안일한 생각으로 인해 결국 전체가 무너진다.

어떻게 보면 이 책은 나라는 사람을 세상에 알리고 나와 함께 뜻을 같이 하는 동료들을 모으기 위한 시작일지도 모른다. 나는 끊임없이 도전하고 성장할 것이다. 새로운 우리 MZ들의 시대를 맞이할 준비를 함께 하자.